»PROLETARIER ALLER LÄNDER, VEREINIGT EUCH!«

Die Reihe »Geschichte, Theorie & Kritik« ist eine Sammlung von Texten zum Studium der Geschichte und Philosophie, der Natur-, Wirtschafts- und Sozialwissenschaften, insbesondere aber der marxistischen Theorie.

Wie in den anderen Reihen wurde auch hier auf der Grundlage der letzten uns zugänglichen Ausgaben gearbeitet. Quellenangaben erfolgen, soweit möglich, nach Werkausgaben und Sammelbänden.

Redaktionelle Anmerkungen früherer Auflagen wurden unter Angabe der Quelle übernommen. Fußnoten stammen, sofern nicht anders angegeben, vom Autor. Spätere Überarbeitungen des Originaltextes durch den Autor wurden, soweit bekannt, von der Redaktion berücksichtigt. Diese wurden stillschweigend übernommen, sodass der vorliegende Text so weit wie möglich der vom Autor beabsichtigten Endfassung entspricht. Rechtschreibung und Zeichensetzung wurden an die Rechtschreibreform 2006 angepasst, der Textinhalt blieb unverändert. Die Zitierweise ist APA 7, Text in eckigen Klammern entspringt der Redaktion. Die Daten in Russland bis zum 14. Februar 1918 sind nach dem julianischen Kalender (alter Kalender) angegeben. In Klammern folgt das entsprechende Datum nach dem gregorianischen Kalender (neuer Kalender).

Die in den Texten dieser Schriftenreihe zum Ausdruck gebrachten Meinungen müssen nicht notwendigerweise mit denen der Redaktion übereinstimmen. Wir bitten die Leser:in stets um eine sachliche und differenzierte Auseinandersetzung mit dem Text.

Einige Bände enthalten ein Register und ein Glossar.

Wir wünschen viel Spaß beim Lesen.   DIE REDAKTION

Abbildung 1: *Ernst Aust.*

IST DER KOMMUNISMUS IN DER KRISE?

Ernst Aust

Fortschrittsverlag
»Geschichte, Theorie & Kritik«
kontakt@fortschrittsverlag.de
https://fortschrittsverlag.de

Berlin, 2024
Druck: IngramSpark
1. Auflage

ISBN: 978–3–911323–03–1

Vorliegender Band: Aust, E. (2024). *Ist der Kommunismus in der Krise?* Fortschrittsverlag.

INHALT

IST DER KOMMUNISMUS IN DER KRISE?

VORWORT (2024)

Im Mai 1979 hielt der Vorsitzende der Kommunistischen Partei Deutschlands / Marxisten-Leninisten (KPD/ML), Genosse Ernst Aust, in Kiel eine Rede, in der er auf aktuelle Themen und brennende Fragen der sozialistischen und kommunistischen Bewegung in der Bundesrepublik einging. Wir bedenken den historischen Hintergrund, die 68er-Bewegung, den Mord an Ohnesorg und die Notstandsgesetze.[1] Anlass der Rede war der Angriff vietnamesischer Truppen auf Kambodscha, der Ende Dezember 1978 begann. Die KPD/ML stellte sich als konsequent marxistisch-leninistische Partei klar gegen den sowjetischen und chinesischen Sozialimperialismus, der die Völker Kambodschas und Vietnams gegeneinander aufwiegelte.

Mit seiner Kieler Rede und dem im Anhang beigefügten Auszug aus »Fürs Vaterland?« unterzog Aust die bürgerliche Friedensbewegung einer umfassenden Kritik, denn er deckte schonungslos die Kriegsgefahr und die wahren Aggressoren auf sowie das Fehlen einer wirklichen Massenverbundenheit, die auch der heutigen Friedensbewegung noch fehlt. Er versuchte, getreu den marxistisch-leninistischen Grundsätzen, den Massen die Kriegsgefahr, die damals von den Machtblöcken in Ost und West ausging, bewusst zu machen und zu zeigen, dass nur das Volk selbst mit seiner marxistisch-leninistischen Partei an der Spitze sich ein für allemal vor der Kriegsgefahr schützen kann.

Ernst ließ auch die Revisionist:innen nicht außen vor, sondern griff deren Versuche an, die Völker der Welt und ihre Befreiungskämpfe für ihre Machtinteressen auszunutzen und sie wieder in ihre Abhängigkeit und Machtsphären zu bringen, wie z.B. Mao Zedong und seine »Drei-Welten-Theorie«, die Aust und die KPD/ML als unvereinbar mit dem marxistischen Standpunkt des Kampfes Proletariat gegen Bourgeoisie entlarvten.

Auch den Bürgerlichen erteilte er eine Abfuhr, indem er die Behauptung, der Kommunismus befinde sich in einer Krise oder sei gar unerreichbar, anhand praktischer Beispiele eindrucksvoll widerlegte. Er führte aus, dass der Kommunismus nicht nur nicht in einer Krise stecke, sondern dass die Hauptschuld an der noch relativen Schwäche der kommunistischen Bewegung bei den Revisionist:innen und Renegaten liege, die bewusst falsche Theorien in die Bewegung hineintragen würden, um sie von innen heraus zu zersetzen, so wie es Chruschtschow auf dem XX. Parteitag der KPdSU getan habe, als er Stalin verurteilte und damit allerlei kruden Theorien Tür und Tor öffnete und bürgerliche Elemente Einzug in die proletarische Weltanschauung hielten. Doch Aust ließ die Genoss:innen nicht entmutigen, sondern schöpfte neuen Mut aus der Kampfkraft seiner Partei und aus dem Willen der Mitglieder:innen, Fehler zu erkennen und zu korrigieren, wie sie es mit dem Maoismus taten, der durch die Studentenbewegung von 1968 in die Partei kam und dort bürgerliche Philosophie verbreitete.

In dem Auszug aus »Fürs Vaterland?« kritisierte er auch die verschiedenen pazifistischen Haltungen und betonte noch einmal, dass Neutralität in Konfliktsituationen immer nur der Seite des Angreifers nütze und dass Abrüstung,

Friedensverträge und die wirkliche Beseitigung jeder Kriegsgefahr nur damit einhergehen könnten, dass man mit revolu-
tionärem Eifer das ganze System aus den Angeln heben und
damit dem Krieg und dem Völkergemetzel ein für allemal ein
Ende bereiten müsse und dass der Frieden niemals auf dem
Rücken der Werktätigen durch Sozialabbau und Aufrüstung
und durch das Märchen vom »Gleichgewicht der Kräfte« gesichert werden könne.

Aust ließ die Genoss:innen durch die Verhaftungen
und Repressalien der BRD und der DDR-Justiz nicht entmutigen, sondern widmete einen Teil seiner Rede ganz der
Solidarität mit den Genoss:innen, die für die Partei gestorben sind, gefoltert wurden oder lange Haftstrafen und Repressalien erleiden mussten, weil sie alle Marxist:innen-Leni-
nist:innen waren.

Um in Zukunft noch besser gegen die Gefahr der
bürgerlichen Justiz gewappnet zu sein, ermahnte Aust die
Zuhörer:innen, die Parteidisziplin, den demokratischen Zentralismus und die Wachsamkeit gegenüber Fehlern aller Art
aufrechtzuerhalten und die Arbeit in den noch nicht kommunistischen Massenorganisationen zu verstärken, um auch
Menschen außerhalb der Partei mit den Losungen und Forderungen der Partei vertraut zu machen und neue Mitkämp-
fer:innen zu gewinnen.

Aust versäumte es in seiner Rede auch nicht, auf
positive Entwicklungen wie die bürgerlich-islamische Revolution im Iran hinzuweisen, die damals den von der US-Regierung unterstützten Schah stürzte. Er räumte aber auch ein,
dass es der marxistisch-leninistischen Partei aufgrund ihrer
geringen Mitgliederzahl nicht gelungen sei, sich wirksam an
die Spitze der bürgerlich-islamischen Revolution zu stellen
und sie auf einen sozialistischen, marxistisch-leninistischen
Weg zu führen, der dem iranischen Volk die volle Freiheit
gesichert hätte.

Zum Schluss seiner Rede ging Aust noch einmal auf die Klassenjustiz und ihre Scheinheiligkeit ein, denn während KZ-Aufseher:innen freigesprochen werden und ehemals hochrangige Nazis noch immer politische Ämter bekleiden, werden Genoss:innen, die dagegen protestieren oder sich auch nur für Frieden und Völkerfreundschaft einsetzen, mit Gerichtsverfahren, ja Schauprozessen und Haftstrafen schikaniert.

Um die Partei, um den Marxismus-Leninismus zu verwirklichen, setzte Aust all sein Vertrauen in die Mitglieder:innen der Partei und versicherte ihnen noch einmal, dass die KPD/ML eine wahrhaft kommunistische Partei ist, die sich ihrer Aufgabe vor dem Weltproletariat bewusst ist und keinerlei Berührungsängste vor den Arbeiter:innen hat. Um dieser Aufgabe gerecht zu werden, sei es aber Ehre und Pflicht eines jeden Mitglieds, sich gründlich mit der marxistisch-leninistischen Theorie zu befassen.

* * *

Um Aust und seine Reden besser verstehen zu können, müssen wir jedoch einen kurzen Blick auf die Person Aust werfen, wer er war und was er erreicht hat.

Ernst Aust wurde am 12. April 1923 als jüngstes von vier Kindern in Hamburg geboren. Seine Mutter war Hausangestellte, sein Vater kleiner Beamter.

Wie alle wehrfähigen Deutschen musste Aust im Zweiten Weltkrieg an die Front und geriet 1944 in britische Kriegsgefangenschaft. Erschüttert von den Gräueltaten der faschistischen Barbarei lernte er in der Kriegsgefangenschaft durch Mitgefangene den Marxismus-Leninismus kennen. Er erkannte, dass nur der Kommunismus Krieg und Elend ein für allemal beenden kann und dass Faschismus und Imperialismus niemals die Antwort auf die Nöte der Völker sein können.

Als Aust 1948 aus der Kriegsgefangenschaft zurückkehrte, schloss er sich dem Kulturbund zur Demokratischen Erneuerung Deutschlands an, wo er auch die Freie Deutsche Jugend (FDJ) kulturell betreute. Außerdem trat er der KPD bei und arbeitete ab 1952 für die KPD-geführte »Hamburger Volkszeitung«.

Ab 1953 arbeitete Aust im Auftrag der KPD an der Zeitung »Dat Blinkfüer [Das Leuchtfeuer]«, einem Produkt des Befreiungskampfes um die (damals noch unbewohnte) Insel Helgoland, die zu dieser Zeit noch als britisches Bombenübungsziel diente. Der Springer-Verlag drohte Kiosken, sie nicht mehr zu beliefern, wenn sie »Dat Blinkfüer« weiter anböten, woraufhin der Vertrieb schweren Schaden erlitten hat. Dat Blinkfüer erschien bis 1969.

Nach der Machtübernahme Chruschtschows in der Sowjetunion machte der Revisionismus auch vor der illegal weiterbestehenden KPD nicht halt, so dass Aust 1963 zunehmend den offen revisionistischen Kurs der KPD kritisierte und die Arbeit der Partei der Arbeit Albaniens verteidigte, die sich neben China als einzige dem Verrat Chruschtschows an der kommunistischen Bewegung widersetzte. 1967 trat Aust aus der KPD aus und gründete am 30. Dezember 1968 die KPD/ML.

Als Vorsitzender der KPD/ML bemühte er sich in den folgenden Jahren um den Aufbau einer wahrhaft kommunistischen Partei in der BRD, um die Zerschlagung des sowjetischen und später auch des chinesischen Revisionismus, um die Bekämpfung des Linkssckticrertums in der Partei und gleichzeitig um den Kampf gegen die immer größer werdende Gefahr durch die bundesdeutsche und die DDR-Justiz, die einem Teil der Genoss:innen bereits langjährige Haft und Gerichtsverfahren eingebracht hatte.

Gegen Ende seines Lebens traten auch immer offener trotzkistische Elemente in der Partei auf. Aust kämpfte bis zuletzt gegen den Trotzkismus, auch wenn es ihn seinen Posten als Vorsitzender kostete, den der Trotzkist Horst-Dieter Koch übernahm. Der Kampf gegen den Trotzkismus konnte nicht mehr gewonnen werden, Aust starb im Kampf.

* * *

Ihm zu Ehren veröffentlichen wir nun zwei seiner Werke, um Genoss:innen in diesen Zeiten zu unterstützen und ihnen Mut zu geben; einer Zeit, wo wieder einmal ein Weltenbrand droht, wo es an allen Ecken und Enden der Welt kocht und lodert und manch eine:r keinen Ausweg findet.

Wir sagen euch: Es gibt eine Lösung und sie liegt im Marxismus-Leninismus; dem Frieden unter den Werktätigen und dem Internationalismus! Doch um diesen Frieden zu erringen müsst *ihr* euch mit der Theorie vertraut machen und wir hoffen, euch mit dieser Veröffentlichung ein Stück weitergebildet und standfest gemacht zu haben. DIE REDAKTION

ERNST AUST

IST DER KOMMUNISMUS IN DER KRISE?

[EINLEITUNG]

L IEBE FREUNDE, KOLLEGEN, GENOSSEN, DAS THEMA DIEser Veranstaltung heißt »Ist der Kommunismus in der Krise?«. Ihr habt die Zeitung gelesen, ihr wisst, die Bourgeoisie höhnt oder freut sich und sagt: »Guckt mal, was aus eurem Kommunismus geworden ist. Sozialistische Länder wie China und Vietnam führen Krieg gegeneinander.[2] Und Marx und Lenin haben doch gesagt, dass Kommunisten, dass sozialistische Länder keine Kriege gegeneinander führen. Ergo, also hat Marx nicht recht, hat Lenin nicht recht«.

[ÜBER CHINA]

Freunde und Kollegen, wer sagt denn oder wer behauptet, dass China zum Beispiel ein sozialistisches Land ist? Das tut doch nur die Bourgeoisie. Sie sagt: »China ist ein sozialistisches Land«. Sie sagt: »Die Sowjetunion ist ein sozialistisches Land«. Aber wie kann zum Beispiel ein Land wie China, was die sogenannte *Theorie der drei Welten* vertritt, sozialistisch sein?[3]

Wovon gehen Marxisten aus? Die gehen davon aus, dass es auf dieser Welt Ausbeuter und Ausgebeutete gibt. Unterdrücker und Unterdrückte. Hier die Bourgeoisie, die herrschende Klasse, die Kapitalisten. Dort die Arbeiterklasse, die Werktätigen, die im Kampf gegeneinander stehen. Es gibt also nach Lenin zwei Welten, aber keine drei Welten. Drei Welten, wie Mao Zedong behauptet hat.

Diese Theorie der drei Welten ist nichts anderes als eine Theorie der Klassenversöhnung. Was sagen Sie denn? Hier die Arbeiter, wir sollen uns verbünden mit unseren Imperialisten, mit den Amerikanern, mit den japanischen Imperialisten, alle zusammen gegen die Sowjetunion. Das sei heute die richtige Linie. Und das Ganze nennen die auch noch marxistisch-leninistisch.

Kollegen, mit China geht es rapide abwärts. Ihr

wisst, dass China ein enges Bündnis hat heute mit der einen Supermacht auf dieser Welt, mit dem USA-Imperialismus. Die schicken hier zum Beispiel Abordnungen her, jetzt neulich war hier eine Handelsdelegation, und dann geben die auch noch ganz groß an damit, dass der Leiter dieser Handelsdelegation ein ehemaliger Kapitalist aus China ist. Da sind die noch stolz drauf.

Zeitweilig haben sie immer keine Kredite genommen. Heute nehmen sie Kredite vom westlichen Ausland. Der materielle Anreiz, früher bei ihnen bekämpft, wird jetzt gefördert. Die hohen Lohnunterschiede sind da. Und auch alle anderen Übel des Kapitalismus, wie Banküberfälle, Pornos, Aberglaube, und selbst Arbeitslose führen sie wieder ein oder haben sie wieder. Vier Millionen Arbeitslose.

Und Genossen, das sind ja keine Lügen der bürgerlichen Zeitung. Das sind ja Dinge, die Ihre Zeitung selbst schreibt. Diese Ausbreitung der Arbeitslosigkeit in China sind keine Erfindungen und keine Lügen hier der bürgerlichen Presse, dass China nicht nur Fabriken einführt, sondern dass sie auch Coca-Cola einführen, Hotels bauen mit amerikanischem Kapital. Dass dort die Jünglinge jetzt auf die Idee kommen, sich ihre schwarzen Haare blond färben zu lassen und Dauerwellen zu machen.

Genossen, all diese Erscheinungen, die es früher nicht gegeben hat, die es in anderen revisionistischen Ländern schon seit einigen Jahren, seit geraumer Zeit gibt, werden jetzt auch in China eingeführt. Und zwar sehr schnell, sehr rapide.

Woran liegt es? Woran liegt es, dass diese Entwicklung so schnell geht? Das liegt daran, dass China niemals ein richtiges, vollentwickeltes sozialistisches Land war. Es gibt einen Unterschied. Als die Sowjetunion damals den XX. Parteitag hatte, als der Chruschtschow putschte,[4] als sie Stalin verdammten, da brauchte dieser Staat immerhin fast zehn

Jahre, um den Revisionismus, um eine neue Bourgeoisie zu bilden, um die Entartung durchzuführen.

Das lag eben daran, weil die Sowjetunion, im Gegensatz zu China, unter Lenin und Stalin, das erste sozialistische Land in dieser Welt war. Weil es da war und wir schauten alle auf dieses Land, auf das Vaterland der Werktätigen.

Und mit der Verurteilung von Stalin fing es an. Als Chruschtschow seinen Geheimbericht über Stalin schrieb, als er ihn fertig machte, als er sagte, Stalin Iwan dem Schrecklichen gleichzusetzen.

Genossen, und von da ab ging es bergab. Die Verdammung dieses großen Marxisten-Leninisten in der Sowjetunion war schon der Anfang vom Ende in der Sowjetunion. Aber China, wie gesagt, geht schneller ran. Und wenn wir es heute betrachten, dann sehen wir, wie China auf dem Weg ist zu einer Supermacht.

Überlegt doch einmal, womit Sie Ihre Aggression, Ihren Überfall auf Vietnam begründet haben. Sie haben gesagt, Vietnam müsse bestraft werden. Was ist das für eine Überheblichkeit? Das haben wir schon mal gehört, das haben wir tatsächlich gehört damals, ich erinnere mich dran bei Hitler.

Als damals es gegen Polen losging, da wurde vorher gehetzt in der Presse, und da hieß es, die Polen bringen die Deutschen um, die haben den Sender Gleiwitz überfallen, und jetzt muss das Deutsche Reich die Polen bestrafen. Das war Faschismus. Und genauso geht heute China gegen ein anderes Land, gegen Vietnam vor.

Und jetzt erst war ein führendes Mitglied der chinesischen Partei, des Zentralkomitees, Ji Pengfei heißt der Typ, in Amerika, und hat dort gesagt, hat dort den Amerikanern empfohlen: »Gebt doch den Kubanern auch einen Denkzettel!«. Genossen, was ist das für eine Mentalität? Das ist die Mentalität von Aggressoren. Das ist die Mentalität von Sozialfaschisten.

Und man sollte die Sache nicht zu leicht nehmen. Die Kriegsgefahr ist nicht vom Tisch. Mancher glaubt nicht daran, dass es heute wieder einen Krieg geben könnte. Ist so lange her, schon über 30 Jahre, schon lange Friedenzeit, die Jüngeren können sich gar nicht mehr daran erinnern, wie das damals war, als wir die Bomben auf den Kopf kriegten, als hier die Trümmer waren, als die Menschen nichts zu essen hatten, als sie von Karten lebten. Diese ganze Zeit ist für viele junge Menschen in weiter Ferne. Und trotzdem besteht diese Gefahr, dass es wieder zu einem Krieg kommt.

Mancher sagt: »Na, China ist doch keine Supermacht, die können doch der Sowjetunion gar nichts machen«. Und manche sagen: »Wir haben das Gleichgewicht der Kräfte in der Welt. Da ist der USA-Imperialismus, und da ist der Sozialimperialismus, und die sind beide gleich stark«. Jetzt haben sie schon wieder Abkommen gemacht, SALT-Abkommen und die werden sich schon nicht in die Haare kriegen. Genossen, so einfach ist das nicht. Die Weltlage ist mit dem Auftauchen Chinas als künftiger Supermacht komplizierter geworden.

Und was sagte denn Deng Xiaoping zum UNO-Generalsekretär Kurt Waldheim? *China behalte sich das Recht vor, Hanoi eine neue Lektion zu erteilen.* Das hat er vor wenigen Tagen gesagt. Heute noch hat China, das angeblich seine Truppen nicht im Ausland stationiert hat, Teile Vietnams besetzt. Es hallt Provokationen gegen Laos. Und die Truppen beider Länder, sowohl Chinas als auch Vietnams, stehen in Alarmbereitschaft. Das heißt, die Gefahr ist noch nicht vom Tisch. Und China lässt es dabei auf ein Eingreifen Moskaus ankommen. Sie rechnen nicht damit.

Kollegen, das Vorgehen Chinas ist mit dem USA-Imperialismus abgesprochen. Machen wir uns doch nichts vor. Warum war da Deng denn in Amerika gewesen? Meint er, die haben nur sich über Kredite unterhalten mit dem Carter? Er hat auch ganz andere Sachen mit dem besprochen. Was hat er vielleicht gesagt? »Na, ihr habt die Waffen, ihr seid hochgerüstet und wir haben fast eine Milliarde Menschen«.

Der Sowjetpolitiker Sagladin hat neulich gesagt, die USA wollen uns in einen Krieg mit China treiben. Und wenn man die Weltlage sieht, ist diese Behauptung gar nicht so ohne. Was sagte zum Beispiel vor kurzem Kissinger? Er sagte, wenn die Russen über China herfallen sollten, dann wäre das eine globale und keine regionale Herausforderung. Also ganz klar. Global heißt also praktisch die ganze Welt betreffend. Das heißt also ein Weltkrieg. Nun braucht es nicht sofort zu sein. Wir wissen, wie der USA-Imperialismus in der Vergangenheit gehandelt hat. Beim Ersten Weltkrieg, beim Zweiten Weltkrieg. Er hat immer eine Zeit gewartet. Er hat immer erst schön Waffen geliefert, seinen Reibach gemacht und wenn er dann so gesehen hat, »so jetzt ist es Zeit, um noch was abzukriegen«, dann hat er eingegriffen. Das war sowohl im Ersten als auch im Zweiten Weltkrieg der Fall.

Früher oder später würde in solch einem Fall, wenn es so einen Krieg zwischen der Sowjetunion und China gäbe, auch die NATO eingreifen. Oder meint ihr, dass es in der Bundesrepublik keine Kräfte gäbe, die an einem Krieg, an Revanche interessiert sind, die sich heute noch von einem Großdeutschland träumen? Ihr habt den Streit in der Presse verfolgt hier: Der Wiener hat gesagt, die Sowjetarmee ist nicht aggressiv. Aber Genscher, Außenminister, hat klar erklärt, die Sowjetunion sind auf Expansionskurs.

Natürlich, Genossen, sind die Sowjets auf Expansionskurs. Natürlich versuchen sie den Druck, den sie von beiden Seiten kriegen, auszuweichen. Zum Beispiel zum Nahen Osten, nach Afrika. Dort mischen sie kräftig mit. Dort sind sie auf Expansionskurs, ganz klar. Doch wir empfehlen Herrn Genscher, er sollte lieber mal den Expansionskurs des westdeutschen Imperialismus untersuchen. Den Expansionskurs der Herren Dregger und Strauß.

Immerhin ist der westdeutsche Imperialismus, ist die Bundesrepublik die drittstärkste Militärmacht der Welt. Das Mehrfache wurde bisher an Rüstungsausgaben ausgegeben, was Hitler zur Vorbereitung seines Weltkrieges brauchte. Und nach den USA, nach der Sowjetunion und Frankreich ist die Bundesrepublik der größte Waffenexporteur in der Welt.

Seit 1969 wurden offiziell für 6,7 Milliarden Waffen in 54 Länder der Welt exportiert. Allein 1977 für 2 Milliarden in Länder wie zum Beispiel Chile, Argentinien, Brasilien, Indonesien, Nigeria und so weiter. Bonn unterhält die besten Beziehungen zu allen faschistischen Diktaturen in aller Welt, zu allen Reaktionären.

[ÜBER DEN BRD-IMPERIALISMUS]

Eʀsᴛ ᴠᴏʀ ᴋᴜʀᴢᴇᴍ ʜᴀᴛ ᴅɪᴇ UNO ᴅᴇʀ Bᴜɴᴅᴇsʀᴇᴘᴜʙʟɪᴋ vorgeworfen, Bonn unterhalte eine atomare Kooperation mit Südafrika. Und da schweifen die Spatzen ja schon lange von den Dächern. Natürlich, Bonn hat sich feierlich verpflichtet, sie wollen keine Atomwaffen bauen. Brauchen sie auch gar nicht, wenn sie in Südafrika bauen, wenn sie dort ihre Kumpane, ihre faschistischen Kumpane unterstützen.[5] Der westdeutsche Imperialismus, vor allem der Strauß und Herr Dregger, setzen auf die chinesische Karte. Sie sind ja damals empfangen worden in China von Mao Zedong.

Und China hat großes Interesse an Westdeutschland, Interesse an der westdeutschen Wirtschaft. Westdeutschland ist ein bevorzugter Handelspartner Chinas und gewährt ihm Kredite. Und warum wohl sind der Kielmannsegg, der Trettner, diese Hitler-Generäle, die alten, in China gewesen? Was haben sie denn dort zu besprechen gehabt? Sie haben besprochen, das was alle Imperialisten miteinander besprechen, wie man gegen andere vorgehen kann. Hier auf der Seite China, Japan, USA-Imperialismus, dort auf der Seite die NATO. Und dann nehmen die halt mal die Sowjetunion in die Zange. Und das Ziel des westdeutschen Imperialismus ist das alte, was sie schon immer hatten: Ein Großdeutschland, erst mal in den Grenzen von 1937,[6] ein Europa bis zum Ural, unter der Vorherrschaft des westdeutschen Imperialismus. Das war schon 1952, 1953 hat das da schon der Hallstein verkündet. Und von dem Ziel haben sie niemals in all den Jahren abgelassen, auch wenn sie zeitweilig ihre Taktik geändert haben.

Doch was der westdeutsche Imperialismus will, ist eine Sache. Die Franzosen und die Engländer möchten was anderes. Auch in Bonn gibt es natürlich Widersprüche. Während zum Beispiel Strauß und Dregger, die CDU, CSU mehr auf die harte Tour setzt, notfalls Krieg, machen Wehner, Brandt, Bahr usw., SPD, FDP, so eher auf die Weiche. So von innen her die Sowjetunion, Polen, Bulgarien, die DDR aufzuweichen, zersetzen, möglichst ohne Krieg, natürlich, das passt ihnen viel besser. Und wozu war der Schmidt jetzt erst da gewesen in Bulgarien? Die legen dort ihre Fänge aus und versuchen diesen Prozess schneller zum Kapitalismus zu beschleunigen, um dort auch ihre Rohstoffe zu sichern.

Das Ziel ist das Gleiche. Die Expansion des westdeutschen Imperialismus, die Sicherung von Rohstoffquellen in der Sowjetunion. Nur die einen wollen eben auf die harte, die anderen auf die weichere Tour.

Wir müssen wachsam bleiben, den Kampf gegen die Kriegsgefahr konkret führen. Und was verlangt denn unsere Partei? Unsere Partei, die sowohl hier in der Bundesrepublik exerziert, als auch drüben in der DDR und in Westberlin. Wir fordern den Abzug aller Besatzungsgruppen vom deutschen Boden, den Austritt der Bundesrepublik aus der NATO und aus der EG, der DDR aus dem Warschauer Pakt und dem RGW, sowie die völkerrechtliche Anerkennung der DDR durch die Bundesrepublik.

[ÜBER MARXISMUS-LENINISMUS UND REVISIONISMUS]

DER KAMPF GEGEN DEN WESTDEUTSCHEN IMPERIALIS-mus—hier in der Bundesrepublik ist er der Hauptfeind. Und der Kampf gegen diesen westdeutschen Imperialismus, der Kampf zur Beseitigung, zum Sturz der westdeutschen Bourgeoisie, die Errichtung des Sozialismus, das ist die beste Antwort, die wir auf die Krisengefahr geben können. Aber das sagt die Bourgeoisie eben nicht. Sie sagen: »Der Sozialismus, guckt doch nach Kambodscha, Vietnam,[7] wieder zwei sozialistische Länder«, in Gänsefüßchen »sozialistische Länder«, »die sich gegenseitig in die Haare kriegen«. Und wir wissen, wer diesen Konflikt geschürt hat. Wir wissen, dass es China war, was dahinter steckte, hinter Kambodscha. Und Kambodscha war es zuerst gewesen, die Überfälle verübt haben, die das Mekong-Delta beansprucht haben, die Inseln und so weiter. Was war unsere Haltung zu diesem Konflikt und was ist unsere Haltung?

Kollegen, wir sind gegen diesen Krieg. Wir sagen, dieser Krieg zwischen Kambodscha und Vietnam ist ein Bruderkrieg. Er nützt weder den kambodschanischen noch dem vietnamesischen Volk. Und sind diese Länder denn sozialistisch? Schauen wir uns das Pol Pot-Regime an. Pol Pot das ist der da in Kambodscha. Was hat er gemacht? Er hat die

Städte entvölkert, Proletariat abgeschafft, alles aufs Land. »Wir werden jetzt erstmal das Land aufbauen, Landwirtschaft machen«. Er hat sich auf die Bauern gestützt. Er hat das Geld abgeschafft. Die albanische Botschaft nebenbei wurde eingesperrt. Aber wir brauchen hier nur eins. Hört doch mal nur auf den Sihanouk. Der Sihanouk muss es ja wissen.

Genossen, und wenn der Sihanouk behauptet, dass in seinem Land zigtausende Menschen umgebracht worden sind, dann ist das sicherlich keine Lüge, dann stimmt das. Und was für Menschen sind es denn gewesen? Ist es die Bourgeoisie gewesen? Jeder von uns—oder wir Marxisten-Leninisten—wissen oder haben so ungefähr eine Vorstellung davon, wie man den Sozialismus aufbaut, wenn wir erstmal dran sind: Da muss man auf zwei Beinen stehen. Da muss man einmal die Industrie fordern. Das ist eine ganz wichtige Sache. Auch die Landwirtschaft. Aber Industrie, der Aufbau der Industrie ist vorrangig. Auch in solchen Ländern, gerade in solchen Ländern ist es vorrangig, die Industrie mit aufzubauen, sich unabhängig zu machen.

Aber den Kommunismus oder den Sozialismus, den Pol Pot einführen wollte, das war auch eine Art Kommunismus. Zurück auf die Bäume. Gab es ja mal. Urgesellschaft[8] war ja mal kommunistisch gewesen. Vielleicht wollte er da wieder zurück. Das war auf jeden Fall der Kommunismus, der ihm vorschwebte und den er versuchte mit brutaler Gewalt dort einzuführen.

Und Vietnam? Wir sind der Meinung, dass das Vorgehen Vietnams, der Einfall in Kambodscha ebenfalls nicht sozialistisch ist. Die chinesischen Sozialimperialisten haben sich schwerwiegend in die inneren Angelegenheiten von Vietnam eingemischt. Das wissen wir. Sie sprechen von den *chinesischen Flüchtlingen.*

Aber, Genossen oder Kollegen, wer sind denn diese chinesischen Flüchtlinge, die da aus Vietnam mit den Booten da wegfahren? Wer ist denn das? Ihr wisst, welche Rolle die Auslandschinesen in diesen Ländern spielen. Ihr wisst, dass sie dort die Handelsbourgeoisie darstellen. Ihr wisst, dass sie dort praktisch eine ganze Reihe Firmen haben. Und es ist doch ganz klar, dass wenn man versucht, den Sozialismus aufzubauen, dass man die dann früher oder später enteignet. Das ist doch eine klare Angelegenheit.

Und natürlich laufen dann eine ganze Reihe weg. Aber China hat diese Frage benutzt, um daraus eine Frage zu machen: hier Arbeiterklasse und dort Bourgeoisie, gegen wen geht es? Sondern sie haben daraus gesagt, die Vietnamesen sind gegen die Chinesen. Und das ist eine volle Verdrehung der Angelegenheit.

Nun, man muss natürlich kritisieren, und wir sind dagegen, gegen das Bündnis, was Vietnam mit den russischen Sozialimperialisten geschlossen hat. Und dennoch gibt es einen Unterschied. Ist Vietnam so abhängig vom Sozialimperialismus wie zum Beispiel die DDR? Oder so abhängig wie Kuba? In der DDR stehen bekanntlich sowjetische Truppen. Kuba ist durch seine Monokultur, seine einseitige Wirtschaft, vollkommen abhängig vom russischen Sozialimperialismus. Vietnam hat bis jetzt noch keine sowjetischen Stützpunkte in seinem Land. Und wie ist unsere Haltung dazu? Wir kritisieren dieses Bündnis.

Wir versuchen in Vietnam die Kräfte zu stützen, die sich auf ihre eigenen Kräfte verlassen, die gegen den russischen Sozialimperialismus sind. Warum gibt es denn heute Menschen, diejenigen, die heute anlässlich des Überfalls China und Vietnam so Vietnam mit der Sowjetunion gleichsetzen? Die sagen: »Aha, da ist Vietnam, das ist die Sowjetunion, da ist China. Und beide sind gleichzusetzen«.

Warum haben die gleichen Leute, dann als der Krieg des USA-Imperialismus gegen Vietnam war, nicht behauptet, Vietnam sei abhängig vom russischen Sozialimperialismus?

Es war doch halt so gewesen, dass damals auch die Russen Waffen geliefert haben nach Vietnam. Und sehr viele, sie haben Waffen geliefert, auf jeden Fall. Genau wie die Chinesen damals Waffen geliefert haben. Aber kein Mensch ist damals auf die Idee gekommen, zu sagen, Vietnam sei abhängig vom russischen Sozialimperialismus.

Wie ist die Haltung unserer Partei in solchen Fragen? Ihr erinnert euch, wir haben damals 1968 anlässlich der Vorgänge in der Tschechoslowakei[9] im Frühjahr das Dubček-Regime kritisiert. Warum haben wir damals Dubček kritisiert? Weil er noch schneller zum Kapitalismus wollte als die Sowjets. Noch schneller als Breschnew wollte er hier sein Land in die Fänge des Kapitalismus zurückbringen. Aber als dann die russischen Sozialimperialisten in die Tschechoslowakei einfielen, da haben wir uns sofort auf die Seite des tschechoslowakischen Volkes gestellt und haben diesen Überfall entschieden verurteilt. Mit welchem Recht fällt eine Großmacht wie Russland, wie die Sowjetunion, in die Tschechoslowakei ein? Mit welchem Recht hat der eine Revisionist das Recht zu sagen: »Ich werde dich überfallen, weil du nicht meiner Meinung bist«?

Wir haben den Angriff Hanois auf Kambodscha kritisiert. Wir haben ihn als nicht-sozialistisch zurückgewiesen. Aber wir haben den Überfall der chinesischen Sozialimperialisten auf Vietnam genauso verurteilt, wie wir damals den Überfall der Sowjetunion auf die Tschechoslowakei verurteilt haben. Und das ist die wahrhafte Haltung eines Marxisten-Leninisten.

[ÜBER DIE PROLETARISCHE DIKTATUR]

KOLLEGEN UND GENOSSEN, WIR VERTEIDIGEN DIE PRINZI-pien des Marxismus-Leninismus und wir verurteilen jede Art Revisionismus, das heißt des Abweichens von Marxismus-Leninismus. Hier das ganze bürgerlich-revisionistische Pakt, ob es die sozialdemokratischen Parteien sind, die von Moskau gelenkten Revisionisten, die sogenannten Eurokommunisten,[10] die chinesischen Drei-Welten-Theoretiker, die Titoisten,[11] Anarchos, Spontis[12] und wie sie alle heißen.

Natürlich, dieses ganze Volk ist untereinander heillos zerstritten. Die kriegen sich gegenseitig in die Haare. Aber über alle Rivalität hinweg, sind sie sich in einer Sache einig: Sie sind sich einig in der Bekämpfung der proletarischen Revolution, in der Bekämpfung der Diktatur des Proletariats, in der Bekämpfung der wahrhaften marxistisch-leninistischen Parteien. Und die Bourgeoisie sagt: »Da seht ihr, es geht halt nicht. Euer Sozialismus lässt sich eben nicht durchführen. Ihr seid doch zerstritten und der neue Mensch, den wird es gar nicht geben«.

Und Kollegen, überlegt doch mal, es gibt natürlich auch viele ehrliche Arbeiter in den Betrieben, viele ehrliche Kollegen, die sagen: »Na gut, der Sozialismus, so wie du ihn willst, der ist ja ideal, aber in der Praxis lässt sich das doch nicht verwirklichen. Immer wieder werden Menschen versuchen, sich auf Kosten der anderen ein gutes Leben zu machen. Ihr seht doch, erst die große Sowjetunion Lenins und Stalins und dann kam der Chruschtschow, Herr Breschnew. Dann haben wir gedacht, China würde es schaffen und jetzt sagt ihr uns, die waren überhaupt nicht richtig sozialistisch. Und wer garantiert uns, dass nicht auch noch Albanien, das einzige sozialistische Land, wie ihr sagt, entartet, dass nach Enver Hoxha nicht ein anderer Chruschtschow kommt?«.

Was sollen wir darauf antworten? Was können wir darauf antworten? Wer garantiert uns das? Kollegen, das garantiert uns niemand. Wir sind der Meinung, wir hoffen, wir glauben, wir haben das feste Vertrauen, dass Albanien diesen Weg nicht gehen wird. Wir kennen die albanische Partei, wir kennen den Genossen Enver Hoxha, wir kennen die anderen Mitglieder des Politbüros und wir kennen das albanische Volk und wir kennen den engen Zusammenhang hier, den Zusammenhalt zwischen der Partei und dem albanischen Volk. Dieses Volk, was jede Schwierigkeit überwindet, anlässlich ihres Erdbebens,[13] waren Genossen bei uns da gewesen in Albanien, wie dieses Volk wie *ein* Mann aufsteht und an einem Tag die Zelte aufbaut, die Bevölkerung versorgt, wie es in einem halben Jahr hier das Ziel gesetzt hat, die ganzen Schäden zu beseitigen. Und das sind nicht wenige Schäden, Genossen. Und vergleicht doch das titoistische Jugoslawien damit. Was haben sie gesagt? Wann wollen sie fertig sein? In zehn Jahren wollen sie fertig sein. Und die Menschen sitzen teilweise noch draußen. Hier zeigt sich, wozu ein Volk, ein sozialistisches Land in der Lage ist. Aber wie gesagt, niemand kann uns garantieren, dass es immer so sein wird.

Wir müssen uns von einer Vorstellung freimachen, Genossen, dass der Übergang vom Kapitalismus zum Sozialismus eine Sache von wenigen Jahrzehnten ist. Immerhin hat der Übergang vom Feudalismus, von den alten Grafen damals und dem Adel und so weiter, zum Kapitalismus einige Jahrhunderte gedauert. Und er ist heute noch nicht abgeschlossen.

Warum sollte der Übergang vom Kapitalismus zum Sozialismus, zum Kommunismus wesentlich schneller gehen? Zumal es sich hierbei nicht einfach um die Ablösung einer herrschenden Klasse durch die andere herrschende Klasse handelt, sondern es handelt sich darum, alle Klassen zu beseitigen. Eine Aufgabe, die viel schwieriger ist.

Und doch gibt es einen Unterschied: Es gibt den Unterschied, wir haben eine Waffe, die es damals nicht gab. Wir haben eine Waffe, die uns hilft, schneller zu siegen. Das ist der wissenschaftliche Sozialismus, das ist der Marxismus-Leninismus. Und dennoch kann natürlich diese Waffe auch die Gesetzmäßigkeiten der Entwicklung nicht außer Kraft setzen. Der Mensch ist halt nun mal das Produkt seiner Umwelt und seiner Erziehung.

Und dieser Mensch, Kollegen, der seit Jahrhunderten zum Egoismus, zum Individualismus, zum Eigennutz, zum Terrorismus erzogen wurde, erzogen wurde, »sieh zu, wie du durchkommst, wie du dich in dieser Klassengesellschaft behauptest«, der ändert auch im Sozialismus nicht von heute auf morgen sein Denken. So dringen in ein sozialistisches Land von außen her, von den kapitalistischen Ländern immer wieder Einflüsse ein, die versuchen, dieses Land zurückzuzerren. Aber nicht nur von außen her, sondern auch von innen her.

Die Eltern erziehen ihre Kinder. Und die Eltern haben im Kopf noch viel Denken aus der Vergangenheit. Wir selbst hier, alle, die wir hier sitzen, sind doch noch Menschen, die hier im Kapitalismus groß geworden sind. Wir haben alle noch unsere Schwächen, unsere Fehler, der eine mehr, der andere weniger. Wir sind keine Idealmenschen. Und auch wenn der Sozialismus morgen kommt, dann sind wir noch die gleichen, wie wir heute sind. Wir entwickeln uns jetzt langsam weiter. Und deshalb ist es ja so wichtig, die Diktatur des Proletariats. Deswegen ist diese Diktatur des Proletariats so notwendig. Die Diktatur gegen den Klassenfeind, gegen die entmachteten Kapitalisten, aber auch die Diktatur gegen bürgerliche, egoistische, karrieristische, bürokratische Elemente, die sich wieder über das Volk stellen wollen.

Genossen, all diese Entartungen sind doch deswegen gekommen, weil die Arbeiterklasse nicht den Daumen drauf gehalten hat, weil sie sorglos geworden ist, weil sie nicht geguckt hat: »Halt Kumpel, wie entwickelst du dich da? Entfernst du dich von unserer Klasse? Wo kommst du hin?«. Und deswegen ist das so wichtig.

Das ist die Erkenntnis, die wir aus diesen ganzen Lehren haben. Das sind bittere Erkenntnisse, die wir hier gewonnen haben. Sie haben viel Opfer gekostet, sie haben uns Rückschläge gegeben. Aber wir wissen heute, worauf wir zu achten haben. Diese Herrschaft der Arbeiterklasse, diese eiserne Diktatur des Proletarats gegen jeden Feind, der uns den Sozialismus wieder kaputt machen will, für das Volk breiteste Demokratie. Die Kapitalisten jammern: »Wir haben keine Freiheit«.

Sicher, natürlich, für sie gibt es keine Freiheit, für die Kapitalisten, für die Werktätigen. Aber sie haben zum ersten Mal in ihrem Leben die wirkliche Freiheit. Die Freiheit von der Ausbeutung durch die Kapitalisten. Die Freiheit, die Wirtschaft, die Kultur, die Politik ihres Landes selbst zu gestalten. Die Freiheit, an Maßnahmen des Staates, an Personen Kritik zu üben. Schaut doch nur nach Albanien: Wo ist es denn hier bei uns möglich, einen Abgeordneten wieder abzusetzen? In der Zeit, wenn er jetzt gewählt ist und er macht Mist, dann kann man ihn in Albanien—man macht eine Wählerversammlung und kann ihn wieder absetzen. Oder ich war in Dürres gewesen, in der Hafenstadt in Albanien.

Da haben die Hafenarbeiter zum Beispiel die Minister für das Verkehrswesen hinzitiert.

Die haben angerufen: »Halt, stopp, kommt mal her«. Warum? Da waren vom Übersee, waren hier Waren gekommen, Metall, so die Schienen und so weiter, die lagen da am Hafen und waren verrostet. Und die Arbeiter sagten halt: »Stopp, das ist doch nicht in Ordnung. Entweder die Dinger werden in Schuppen gepackt und wir bauen Schuppen oder die werden da hingebracht, wo sie hin sollen. Auf jeden Fall dürfen die nicht hier liegen und verrosten«. Was machen die? »Telefon, Tirana, bitte, wir möchten den Minister für Verkehrswesen sprechen. Komm mal her«. Und dann muss der kommen. Und dann muss der sich verantworten. Und dann wird gesagt: »Hör mal zu, mein Lieber. Was stellst du dir denn vor? Was soll jetzt gemacht werden?«. Und genauso haben die Arbeiter die Möglichkeit, über die Arbeiterkontrollen Direktoren abzusetzen in den Betrieben, wenn die schlecht handeln, wenn die nicht funktionieren. Wo gibt es solche Freiheiten hier im Kapitalismus? Oder wo gibt es solche Freiheiten in den revisionistischen Ländern wie in der DDR oder sonst was? Natürlich, was für Kritik muss man üben? Das ist genau wie in unserer Partei.

Kollegen, Genossen, die Kritik, die wir üben, muss helfend sein. Sie muss solidarisch sein. Sie muss vorwärtstreibend sein. Sie muss kameradschaftlich sein, prinzipienfest. Sie muss uns helfen, Fehler zu vermeiden. Unser Ziel, den Sozialismus zu erreichen, so wie wir uns, wenn wir im Sozialismus sind, die uns helfen muss, beim Aufbau des Sozialismus zügig voranzukommen. Solch eine Kritik brauchen wir. Die hilft uns. Die sagt uns, so können wir nach vorne kommen. Was wir dagegen ablehnen und entschieden bekämpfen, das sind unsolidarische, zersetzende Kritiken, die uns nicht helfen, voranzuschreiten, sondern die uns zurückzerren. Kritiken um der Kritik willen, so kleinbürgerliches Gezänk und

Geschwätz, das gehört sich nicht in unserer Partei. So dürfen wir uns nicht erziehen. Kritiken, die sich gegen die Prinzipien des Marxismus-Leninismus richten.

[ÜBER DIE PARTEIDISZIPLIN]

KOLLEGEN UND GENOSSEN, UNSERE PARTEI IST KEIN LIBE-rales Kaffeekränzchen und kein schwätzender Intellektuellenzirkel, sondern wir haben uns eine Aufgabe gestellt und diese Aufgabe ist die Durchführung der sozialistischen Revolution. Und dazu brauchen wir eine revolutionäre Kampfpartei mit eiserner, proletarischer Disziplin. Das ist die KPD/ML und das wird sie bleiben. Und wer nicht mit einverstanden ist, wer meint, bewusst gegen Beschlüsse der Partei verstoßen zu dürfen, wer meint, ungestraft fraktionieren zu können, wer meint, mit der absurden Forderung, jeder Beschluss, jede Entscheidung muss erst von jedem in der Partei diskutiert werden, bevor er verabschiedet werden kann, praktisch die Kampfkraft der Partei zu lähmen, der hat in unserer Partei nichts zu suchen.

Genossen und Kollegen, wir müssen noch zwei Dinge unterscheiden. Auf der einen Seite haben wir und brauchen wir natürlich in der Partei Demokratie und diese Demokratie haben wir, wenn nicht in unserer Partei—wir kennen ja, ich kenne ja die alte revisionistische Partei—wir haben ja zum Beispiel den letzten Parteitag vorbereitet. Wie lange, über ein Jahr, ist über Mao Zedong diskutiert worden, ist über die Mao Zedong-Ideen diskutiert worden, über diese ganze Frage hat sich die ganze Partei daran beteiligt und jeder hat die Gelegenheit gehabt, seine Meinung dazu zu sagen. Und nachdem die Meinung zusammengefasst wurde, nachdem sich herausstellte, was ist die Meinung der Partei, da haben wir auf dem Parteitag die Verurteilung der Mao Zedong-Ideen als revisionistisch beschlossen. Das war die 95-prozentige Mehrheit der Partei, die das beschlossen hat. Und das Programm unserer Partei, wie lange ist es diskutiert worden, vor dem dritten Parteitag? Auch über ein Jahr lang wurde dieses Programm diskutiert. Auf dem letzten Parteitag wurden nur Änderungen beschlossen, die auch vorher in der Partei genehmigt waren. Es wurde gekürzt und gestraft. Und genauso lang hat die Partei diskutiert, in den Zellen, in den Organisationen, über die linken Abweichungen, die in der Partei waren, über das linke Sektierertum.

Genossen, das ist ja auch nicht von heute auf morgen gekommen. Erst Schritt für Schritt haben wir unsere Fehler erkannt, Schritt für Schritt haben wir sie beseitigt. Und es ist doch nicht so, wie der KABD hier auf seinem Flugplatz schreibt, dass ich diese Fehler nicht gemacht hätte. Das ist doch vollkommener Quatsch, Genossen. Unsere gesamte Partei, ich einschließlich, haben diese Fehler gemacht. Aber die gesamte Partei, einschließlich ich, haben diese Fehler korrigiert.

*　*　*

Hieran zeigt sich immer die Ehrlichkeit einer bolschewistischen Partei. Ist sie bereit, ihre Fehler auf den Tisch zu legen? Ist sie bereit, diese Fehler in aller Öffentlichkeit zu kritisieren und zu korrigieren? Daran misst sich die Ernsthaftigkeit einer kommunistischen Partei. Es gibt Leute, die uns jetzt kritisieren, weil wir unsere Fehler korrigiert haben. Aber ich möchte die gleichen Leute fragen, wo Sie jemals ihre Fehler kritisiert haben oder korrigiert haben. Wo Sie jemals, wie unsere Partei, Öffentlichkeit, Rechenschaft gelegt hat gegenüber der Arbeiterklasse. Aber zurück zur Diskussion, zur Disziplin.

Stellt euch vor, Genossen, wir hätten diese Disziplin nicht in der Partei. Wir hätten nicht die Möglichkeit, zum Beispiel im Zentralkomitee oder im Politbüro, was ja gewählte Gremien sind. Bei uns wird ja halt mal gewählt von unten nach oben. Und die besten Vertreter setzen wir in unsere Gremien rein. Das ist Demokratie in der Partei, das hat Lenin schon ganz viel gesagt. Und das ZK oder auch das Politbüro müssten in der ganzen Partei erstmal diskutieren, wenn zum Beispiel eine revolutionäre Situation ist, ob es erlaubt sei, hier, wir müssten die ganze Partei fragen, Generalstreik zu machen. Jeden einzelnen Genossen. Wir müssten jeden einzelnen Genossen fragen, ob es jetzt richtig sei, bewaffneten Aufstand zu machen.

Genossen, solch eine Partei kannst du auf den Misthaufen werfen. Die ist nicht mehr handlungsfähig. Sondern die Partei muss in solchen Situationen handlungsfähig sein. Das heißt, die gewählten Gremien der Partei haben das Recht und haben die Pflicht, in solchen Situationen zu entscheiden.

Und deshalb fordern ja gerade Lenin und Stalin immer wieder die Disziplin der Partei, die ans Militärische grenzende Disziplin. Und es ist ja auch nicht so, Genossen und Kollegen, die Arbeitergenossen in unserer Partei haben ja diese Schwierigkeiten gar nicht. Die wissen ja aus ihren Erfahrungen im Betrieb, aus ihren Erfahrungen im Klassenkampf, dass man Einigkeit, Geschlossenheit und Disziplin braucht.

Es sind einige kleinbürgerliche Genossen, denen das schwerer fällt. Genossen, die zum Individualismus neigen. Die zum Individualismus erzogen worden sind. Natürlich gibt es auch Arbeitergenossen, die individualistisch sind. So ist das ja nicht.

Aber, Freunde und Kollegen, das ist ja gerade, was

die Bourgeoisie will. Wozu sie uns, vor allem die Jugend, erziehen will. Zum Individualismus. Manche sind auch noch stolz darauf. Die sind auch noch stolz darauf, dass sie Individualisten sind. Dem dient doch die ganze, zum Beispiel die ganze antiautoritäre Erziehung. Das war eine Falle, die uns die Bourgeoisie gestellt hat. Und wie viele, die sich für fortschrittlich hielten, sind darauf reingehüpft. Wenn du so ein Kind so erzielst, mach was du willst. »Das darfst du, nörgeln, ins Vertiko schlagen, alles darfst du«.

Ja, aber Genossen, was wird denn aus so einem Kind? Das denkst du später auch so: »Ich darf alles machen. Ich brauche mich nicht einordnen. Ich brauche keine Disziplin. Es kommt nur auf mich an«. Und das geht doch in der Schule auch schon so los. Die Auflösung der Klassenverbände. Wohin führt das? Der Kapitalismus erzieht doch die Jugend. Oder ein numerus clausus. »Jeder gegen jeden«. Jeder soll versuchen, in dem anderen den Konkurrenten zu sehen. In dem anderen den Gegner zu sehen. Das ist doch, was der Kapitalismus will. Worüber er sich freut. Worüber sich die Kapitalisten freuen, das ist eben gerade die Zersplitterung. Möglichst viele Zirkel, Gruppen, Spontis, Anarchos, Bunte, Grüne, K-Gruppen, Alternative, Schmetterlinge, Igel, Schnecken, was es da alles gibt. Das will er ja. Und je mehr, je besser. Zur Not gründet er doch selbst welche. Zum Beispiel Bürgerinitiativen.

Kollegen und Genossen, wenn ich das sage, dann ist das kein Angriff auf die Grünen oder auf die Bunten. Ich weiß doch ganz genau, dass da viele ehrliche Menschen drin sind. Dass da viele ehrliche Genossen drin sind, die auch den Sozialismus wollen. Das ist nicht damit gemeint. Was damit gemeint ist, aber eben aufzuzeigen, wem das nützt. Darauf kommt es doch an. Wem nützt diese ganze Politik? Wem nützen die Rauschebärte, die Blumenkinder, die Spontis? Was sagt denn die Bourgeoisie? »Lassen sie sich ruhig mit dem

Bullen mal prügeln. Kommen die nicht aus der Übung«. Uns stört es nicht. Lassen sie ruhig die Autos der Arbeiter mit Farbe einsprühen. Das bringt nur die Bevölkerung gegen die Arbeiter auf. Das freut die doch, die Typen.

Was nützt das uns? Gar nichts nützt das uns. Das bringt tatsächlich die Arbeiter gegen uns auf. Und zur Not schicken die Herren Bourgeois doch ihre Beamten, ihre Achtgroschenjungs, so in die Demonstration rein, die so kräftig mitmischen. Selbst Bomben und individueller Terror stören sie nicht. Geben sie ihnen doch den Vorwand für Aktionen der Einschüchterung des Terrors gegen die Werktätigen. Und ihr wisst, was ja in Gorleben war.[14] Dass da Bullen waren, die da kräftig mitgemischt haben, die angeheizt haben. Und damit werdet ihr in der Zukunft auch weiterrechnen müssen.

Nein, die Bourgeoisie stört nicht die DKP, die Jusos, die zig Gruppen und Grüppchen, zersplitterte Linke, die Bunden und die Grünen. Sie begrüßt diese Entwicklung. Denn objektiv ist diese ganze revisionistische Bewegung gegen das Einzige gerichtet, was die Bourgeoisie nämlich *wirklich* fürchtet, was hier *wirklich* gefährlich werden kann, die geschlossene Kampfkraft der Arbeiterklasse und der Führung ihrer *einen* revolutionären kommunistischen Partei.

Sicher, man kann verstehen, denn so angesichts dieser Situation, eben der Zersplitterung der linken Bewegung, der doch vorhandenen, relativ mitgliedermäßigen Schwäche unserer Partei, der Niederlagen des Weltproletariats durch den Verrat der modernen Revisionisten, bei vielen Kollegen und auch manchen Genossen, sich eine gewisse Resignation breit macht, dass sich bei einigen von Ihnen ein vorübergehendes Tief eingestellt hat.

Aber ich hoffe, das ist ein vorübergehendes Tief. Doch was für Kommunisten wären wir, Genossen, wenn wir uns von solchen Stimmungen beeinflussen ließen. Wir sind doch keine Salonbolschewisten, keine Kommunisten auf

Zeit, die so in einer jugendlichen Sturm- und Drangperiode erst mal losgelegt haben, um uns dann, wie so viele sogenannte Linke aus den K-Gruppen, wenn man älter wird, dann kommt Familie, Kinderchen kommen, und die wohlgeordnete bürgerliche Laufbahn winkt, um sich dann so auf die ungefährlichen Pfade des Revisionismus oder des bürgerlichen Lebens zurückzuziehen. So nach dem Motto, »Papi war auch mal dabei«.

Genossen, aber natürlich, wie gesagt, ist es immer noch besser, als wie die Herren Semmler und Schmierer sich mit Revisionisten und Reaktionären, Faschisten usw. zu engagieren oder zu verbünden. Nichts dagegen, Genossen und Kollegen, wenn die KBW-Genossen Silvester um 12 Uhr oder um 24 Uhr hier durch die Straßen für Simbabwe demonstrieren. Was sollen sie machen? Das ist Ihr Bier. Sollen Sie sich kalte Füße holen. Die Arbeiterklasse feiert meistens Silvester um diese Zeit. Sollen Sie ruhig machen. Nichts dagegen, wenn die Gruppe Rote Fahne für ein Schiff für die ehemaligen oder für die chinesischen Vietnam-Flüchtlinge, diese ehemaligen Kaufleute, Kaffeehausbesitzer, Bordellbesitzer sammeln.

Besser allerdings wäre es, Sie würden für eine Rakete sammeln. Für eine Rakete, mit der Sie den Deng Xiaoping, den Carter, den Breschnew zum Mond schießen. Da würden wir auch noch mitmachen.

Aber alles dagegen, Genossen, wenn Sie wie andere Revisionisten die Opferbereitschaft Ihrer Mitglieder ausbeuten und diese auf dem Weg des Verrats an die Interessen der Arbeiterklasse führen.

Genossen, es ist manchmal eine Schweinerei, was der KBW mit seinen Mitgliedern macht. Das wollen wir ganz ehrlich sagen, in welche Situation er sie bringt. Aber gut, das ist Ihre Sache. Nur so interessant sind die Zirkel nun auch wieder nicht. Und wir brauchen nicht erst den Bericht des Verfassungsschutzes hier zu lesen, um festzustellen, dass Sie sich infolge völliger Perspektivlosigkeit im Niedergang in der Auflösung befinden. Während unsere Partei infolge der Überwindung der sektirischen Fehler der Vergangenheit einem neuen Aufschwung entgegen geht. Das ist nämlich der Unterschied!

Nur, wir wollen selbstkritisch sein: Auch bei uns hat es einige wenige Austritte von Genossen gegeben, denen es schwerfällt, sich von ihren liebgewordenen, von ihren Mao-Zedong-Ideen zu trennen.

Nur, ihr Genossen, ist das natürlich ein Witz, wenn ausgerechnet diese Genossen, die uns vorwerfen, dass wir die Mao-Zedong-Ideen verurteilt haben, wenn uns diese Genossen Rechtsopportunismus vorwerfen. Sind es doch gerade die Mao-Zedong-Ideen, die Drei-Welten-Theorie, sein Liberalismus gegenüber der Bourgeoisie, die Missachtung der führenden Rolle der Arbeiterklasse, die ein Ausdruck des höchsten Rechtsopportunismus sind, was war denn das für eine Partei, die chinesische Partei? Was ist das für eine Partei, wo der Führer dieser Partei sagen kann, »Hör mal zu, Junge, du wirst jetzt mein Nachfolger«. Wo gibt es denn sowas? Das bestimmt doch nicht der Vorsitzende. Das bestimmt doch das Zentralkomitee, dass, wenn der gestorben ist, einen neuen Vorsitzenden wählen. Oder dass sich ein Generalbüro hält als Leibwache, eine militärische Leibwache, die über dem Politbüro steht. Da kann dir doch kein Mensch erzählen, dass so etwas eine kommunistische, eine bolschewistische Partei ist.

Und wir wollen auch nicht verschweigen, dass es örtlich verschiedenen Vereinigten Genossen ein gewisses Zurückweichen im Klassenkampf gegeben hat, zu einer gewissen Sucht zur Bequemlichkeit, eine Tendenz zum Untertauchen in den Massen und eine gewisse Resignation. Und auch teilweise gibt.

[ÜBER DIE ZUKUNFT DES KOMMUNISMUS]

Freunde, Kollegen und Genossen, was wären wir für Kommunisten, wollten wir auch nur einen Augenblick unser Ziel aus dem Auge verlieren? Das höchste Ziel, das die Menschheit jemals gehabt hat. Das Ziel, eine Welt zu schaffen, ohne Armut, Elend und Hunger, ohne Verfolgung, Ausbeutung und Unterdrückung. Eine Welt ohne Klassen und Kriege. Eine Welt des Wohlstands für alle, in der sich die schöpferischen Fähigkeiten des Menschen im vollen Maße entfalten können. Verliert doch nie dieses Ziel aus dem Auge! Hat es jemals auf der Welt ein besseres Ziel gegeben, für das man kämpfen kann?

Und für dieses Ziel sind vor uns Millionen Arbeiter und Bauern auf die Barrikaden gegangen, haben Hunderttausende Werktätiger in Gefängnissen Folter und Tod ertragen. Wir brauchen dabei nicht nur an die Gefallenen unserer Partei zu denken, an Karl Liebknecht, Rosa Luxemburg, Etkar André, John Scheer, Ernst Thälmann und viele, die anderen, die dort im KZ ihr Leben gegeben haben.

Genossen und Kollegen, was sind dagegen so kleinbürgerliche Resignationen, kleinbürgerliche Zänkereien, kleinbürgerliches Schwanken oder auch diese Mutlosigkeit? Gibt es in unserer Partei keine mutigen, aufrechten Kämpfer? Und ob es sie gibt, denken wir nur an die Genossen, die wegen ihrer Teilnahme am Roten Antikriegstags 1972, in München[15] für Jahre ins Gefängnis gingen.

Denken wir an den Genossen Klaus Singer, der zurzeit seine einjährige Gefängnisstrafe absitzt. Denken wir an den Genossen Volker Nieber, der sich nächste Woche in München wieder vor den Schranken des Gerichtes verantworten muss, um ihn heute, man überlege heute, 1979, wegen seiner Teilnahme am Roten Antikriegstag 1972, zu anderthalb Jahren Gefängnis zu verurteilen. Obwohl der Genosse Volker Nieber in einem Prozess 1976 bereits freigesprochen war. Warum wurde Volker freigesprochen? Volker war Betriebsrat bei der JASA und seine Kollegen im Betrieb haben sich für ihn eingesetzt, sind zum Gericht gegangen, haben protestiert, haben demonstriert und er wurde freigesprochen.

Doch die Bourgeoisie mag solche Niederlagen nicht leiden und sie versucht die Kämpfer wieder vor das Gericht zu ziehen. Oder denken wir an unsere Genossen der Sektion DDR unserer Partei, die unter viel härteren Bedingungen als wir hier bis jetzt kämpfen müssen, auf die andere Strafen warten als auf uns und die trotz drohender langjähriger Gefängnisstrafen mutig ihren Kampf für die Wiedererrichtung der Diktatur des Proletariats in der DDR fortsetzen, die beim Aufbau ihrer Partei erfolgreich voranschreiten.

Oder denken wir an Genossen wie Bernd Hübner oder jetzt die Genossen Wolfgang Geisler und Reinhard Schimke, die ohne mit der Wimper zu zucken ihre proletarische Pflicht gegenüber unseren Klassengenossen in der DDR erfüllten. Obwohl sie wussten, was darauf steht. Ich habe heute telefoniert mit dem einen Genossen. Die haben gewusst und sie haben im Gefängnis gesessen. Sie wussten ja zuerst nicht, was los war. Sie wussten nicht, was hier passierte. Sie konnten sich das denken. Aber sie haben damit gerechnet, »Halt Stopp, jetzt bist du wahrscheinlich für die nächsten drei bis fünf Jahre aus Verkehr gezogen«. Das haben diese Genossen gewusst, als sie rübergefahren sind und ihre 800 Roten Morgen bei sich gehabt haben und noch anderes Material, als sie hops gingen.

Genossen, das sind Vorbilder in unserer Partei! Das sind Kämpfer in unserer Partei! Und wenn wir jetzt wie vorhin erfahren haben, dass sie aus dem Gefängnis in der DDR entlassen wurden, so ist das nicht der Großzügigkeit der DDR-Behörden zu verdanken, sondern dem aktiven Kampf der Genossen der Partei und ihrer Solidarität, die sie durch die Verteilung der Fluchtblätter, durch das Kleben der Plakate, durch die Demonstrationen, die in Bonn waren, geleistet haben.

Und das ZK der Partei dankt allen Genossen der Partei für ihren Einsatz, auch im Namen der Genossen Wolfgang und Reinhard. Denn machen wir uns nichts vor. Ohne das Anlaufen unserer Aktionen, ohne die zigtausende Flugblätter, die inzwischen verteilt wurden, ohne das Bremen und Westberlin kleben, vollkleben von den Plakaten, wäre die Herausgabe, wären diese Genossen nicht befreit worden. Das ist der Kampf, den wir geführt haben und dafür dankt die Partei, dankt das Zentralkomitee, allen Genossen und Kollegen.

Wir haben eine gute Partei, eine Partei mit jungen, hervorragenden Kämpfern, die bereit sind, die rote Fahne des Proletariats, die sie von ihren Vätern übernommen haben, zum Sieg zu führen.

Wie oft hat die Bourgeoisie schon erklärt, der Sozialismus und der Kommunismus befänden sich in einer Krise? Denken wir doch nur an den Ausbruch des ersten Weltkrieges 1914, als die meisten Parteien der II. Internationale Verrat begingen[16] und die Bourgeoisie ihre Länder im Krieg unterstützten, als sie zu sogenannten »Vaterlandsverteidigern« wurden. Auch damals jubelte die Bourgeoisie, freute sie sich und der Kaiser sagte: »Ich kenne keine Parteien mehr, ich kenne nur noch Deutsche«. Und damals waren es die Bolschewiki, war es die Partei Lenins, die die Fahne der Revolution hochhielt und es gab auch in anderen Parteien hier in Deutschland den Spartakus und andere Gruppen, die diese Fahne hochhielten. Lenin, im festen Vertrauen auf die Kraft der Arbeiterklasse, vorausgesagt, zitiere, »die proletarische Internationale ist nicht untergegangen und sie wird nicht untergehen. Die Arbeitermassen werden über alle Hindernisse hinweg die neue Internationale schaffen«.

Und Kollegen und Genossen, was damals gilt, gilt auch heute. Die Arbeitermassen, die wahrhaft marxistisch-leninistischen Parteien, zu denen die KPD/ML zählt, werden sich ihre Internationale, die III. Internationale, die kommunistische Internationale wiederschaffen.[1] Dafür werden wir gemeinsam mit den Bruderparteien, den albanischen, den spanischen, den brasilianischen, den portugiesischen und all den anderen Genossen der Bruderparteien kämpfen und wir werden diese Internationale wiedergründen!

»Der Kommunismus, der Marxismus, der Leninismus, der wissenschaftliche Sozialismus ist in der Krise«. Genossen und Kollegen, was ist das für ein Blödsinn. Seit wann kann eine Wissenschaft in die Krise geraten? Denn dass der Kapitalismus untergeht und der Sozialismus siegen wird, das ist keine Wunschvorstellung von uns, von irgendwelchen Utopisten, von irgendwelchen Schwärmern, das ist

---

1   **Die Red.:** Gemeint ist die Schaffung einer neuen Kommunistischen Internationale im Geist der III. Internationale (Komintern, 1919–1943), sowie des Kommunistischen Informationsbüros (Kominform, 1947–1956). Die Bestrebungen der Partei der Arbeit Albaniens (PAA), sowie der ihr nahestehenden Parteien mündeten in der Gründung der Internationalen Konferenz Marxistisch-Leninistischer Parteien und Organisationen (IKMLPO) im Jahr 1994.

eine ehrende Gesetzmäßigkeit der Geschichte. Das ist ja was Marx festgestellt hat und Engels, dass die Geschichte eine Geschichte der Klassenkämpfe ist, dass es sich entwickelt hat von der Urgemeinschaft über die Sklavenhalterordnung, über den Feudalismus bis zum Kapitalismus und dass der Kapitalismus abgelöst wird durch den Sozialismus und wie das Gesetz der Schwerkraft nicht in eine Krise geraten kann, dass das Wasser nicht plötzlich den Berg rauf fließt, so kann der wissenschaftliche Sozialismus nicht in eine Krise geraten. Das ist doch vollkommener Quatsch. Er kann gar nicht in eine Krise geraten, weil er wahr ist.

Und genauso unwiderruflich wurde der Untergang des Kapitalismus, des Imperialismus 1917 mit den Geschützsalven der Aurora auf dem Winterpalais des Zaren eingedonnert.[17] Seitdem leben wir im Zeitalter des Untergangs des Imperialismus und der proletarischen Revolution. Das ist eine Wahrheit, die kein Kapitalist umstoßen kann!

Freunde, Kollegen und Genossen, nicht der Kommunismus ist in der Krise, in der Krise ist der Kapitalismus! Und die modernen Revisionisten sind es, die uns einresen wollen, die konterrevolutionären Kräfte, die Bourgeoisie, die sei ja so übermächtig, die sei ja so furchtbar stark, da könne man praktisch gar nichts gegen machen. Nein, Kollegen, wir leben in einer Zeit, in der die Revolution auf der Tagesordnung steht. Wir leben nicht in einer Zeit des Voranmarschs des Kapitalismus. Schaut euch doch um in der Welt. Überall gärt es: in Lateinamerika, in Kolumbien, in Nicaragua,[18] in San Salvador, erst jetzt vor ein paar Tagen, habt ihr im Fernsehen gesehen, haben sie ja reingeschossen, die Menge 17, 18 Tote da vor dieser Kathedrale.[19] Oder schaut nach Afrika, nach Asien, Afghanistan, Bangladesch und so weiter. Oder bleiben wir in Europa: Schaut nach Spanien, Italien, Frankreich. Die Kapitalisten können nicht mehr so, wie sie wollen. Schaut auf den Kampf der Stahlarbeiter in Lothringen,[20] die

gewaltsamen Demonstrationen, die schweren Zusammenstö-
ße von Stahlarbeiter und Polizei, der Stahlarbeiter, die den
Sitz des Verbandes der Stahlunternehmer und Polizeikom-
missare gestürmt und total verwüstet haben.

Das war die Arbeiterklasse, die hier in Erscheinung
trat. Die Arbeiterklasse, die 1968 in Frankreich die französische Bourgeoisie an den Rand des Abgrunds brachte, die nur
gerettet wurde durch die modernen Revisionisten, die sich
für ihre französische Bourgeoisie einsetzten. Damals war es de
Gaulle[21] gewesen, der hier nach Deutschland kam, um sich
seiner Truppen zu versichern, ob die auch gut waren.

[ÜBER DEN IRAN]

ODER SCHAUEN WIR DOCH GAR NICHT SO WEIT ZURÜCK. Schauen wir doch nur mal einen Moment zum Iran. Es waren die iranischen Arbeiter, die in einem Generalstreik ohne Unterstützung—sie haben keine Streikunterstützung bekommen—die Ölproduktion lahmgelegt haben. Es waren die iranischen Volksmassen, die zu Hunderttausenden, zu Millionen, trotz des Feuers der Schahtruppen auf die Straße zur Demonstration gingen. Gibt es ein anschaulicheres Beispiel dafür, wozu ein Volk in der Lage ist, wenn es Ausbeutung, Knechtschaft und Unterdrückung nicht mehr will.

Was war denn der Iran noch vor einem Jahr? Das unerschütterliche Bollwerk des Westens, des USA-Imperialismus im Nahen Osten. Der Iran, Persien, das war die hochgerüstete Festung des USA-Imperialismus. Der USA-Imperialismus hat nach den Iran die modernsten Waffen geliefert, die es überhaupt gab. Schwenkflügel, über die alle hießen, Langstreckenraketen, Phoenix, usw., ich kenne die Dinger nicht alle, aber auf jeden Fall das Beste vom Beste hat er geliefert nach dem Iran. Und nun? Alles im Eimer.

Allein in den Jahren von 1972 bis 1978 haben die USA für 30 Milliarden Mark Waffen an den Schah geliefert. Und sie haben fest vertraut auf die faschistische Schah-Diktatur. Der CIA sagt: »Wir haben nichts gegen Diktatoren, solange sie unsere Diktatoren sind«. Und der CIA war es gewesen, der Seminare für die SAVAK-Leute durchgeführt hat. Der ihnen Anleitungen zum Foltern gegeben hat. Der die Foltergeräte in den Iran geliefert hat. Foltern nach dem Vorbild der Nazifaschisten in den KZs. Das heißt, sie haben hier im Iran durch den Schah ein Schreckensregime, ein Terrorregime errichtet.

Und auch der westdeutsche Imperialismus hat kräftig mitgemischt. Im letzten Jahr war der westdeutsche Imperialismus der Partner Nummer eins für den Schah. Allein 1977 haben westdeutsche Firmen für 6,5 Milliarden Mark Waffen und Maschinen in den Iran geliefert. Die Bundesregierung hat für acht Milliarden Bürgschaft über die Hermes-Versicherung gegeben. Und jetzt? Aufträge wie Kernkraftwerke oder die acht U-Boote, die bestellt wurden, sind weg. Überlegt euch doch mal. Da liefern die von der Bundesrepublik Kernkraftwerke in den Iran. Ein Wahnsinn. Die haben noch Öl genug, die können noch ihre Energie mit dem Öl erzeugen. Aber die schwätzen ihnen noch die Kernkraftwerke auf, um ihren Reibach zu machen. Und wie schrieb der Professor Ziebura, hieß der Typ aus Braunschweig, vor Monaten in der Welt? Er schrieb wörtlich, »jeder Mann, einschließlich Chinas, zitterte um das Schicksal des Fauntrons«. Und Springers Welt geiferte: »Im Teheran regiert der bewaffnete Mob. Die Armee in Auflösung neutralisiert. Die Volksmassen stürmen die Kasernen. Der Golf gerät aus dem Gleichgewicht«.

Nein, Kollegen und Genossen, nicht nur der Golf ist aus dem Gleichgewicht geraten. Der ganze Nahe Osten ist aus dem Gleichgewicht geraten. Überlegt euch doch mal eins: Da fährt der USA-Präsident Carter, der fährt in den Nahen Osten. Macht Reisen da in Frieden zwischen Israel und Ägypten. Gibt denen noch 4,5 Milliarden. Überlegt euch das mal. In früheren Zeiten unmöglich. Da wäre kein USA-Präsident hingefahren in den Nahen Osten. Das hat sie schon schwer getroffen, die Imperialisten. Und wie reagieren sie? Sie reagieren mit Hetze. Sie schreiben von Mord, Terror, Hinrichtung im Iran. Diese Heuchler.

Wo waren sie in all den Jahren, als im Iran zigtausende einfache Menschen in den Kerkern des Shah-Regimes gewaltsam und grausam zu Tode gequält wurden? Da arbeiteten der westdeutsche Geheimdienst, da arbeiteten das Bundeskriminalamt, der Verfassungsschutz, mit dem SAVAK, mit der der iranischen Geheimpolizei Hand in Hand. Da wurde der Mörderschah, der Henker des persischen Volkes, hier in der deutschen Bundesrepublik zum Staatsbesuch empfangen. Da wurden auf unseren Straßen Menschen von der Polizei niedergeknallt, wie Benno Ohnesorg, der gegen diesen Besuch protestierte. Das war der deutsche Imperialismus.

Und nun keifen sie über die Untaten der barbarischen Revolutionsgerichte. Nun zetern sie über angeblich unmenschliche Willkürakte. Und selbst ein SPD-Abgeordneter entblödet sich nicht zu jammern: »Diese Todesurteile sind Mord«.

Mord? Was steht denn da vor Gericht? Verbrecher, Mörder gegen das Volk, Folterer, Generäle, Polizeichefs, hohe Schah-Beamte, korrupt bis auf die Knochen. Natürlich, es sind die Angehörigen ihrer Klasse, die da vor Gericht stehen. Und deswegen zetern sie, wie gestern die WELT schrieb, jetzt holen sie schon gar Kapitalisten vor Gericht. Das war nun der Höhepunkt. Nicht nur die Diener, sondern auch die Kapitalisten zitieren sie so ran. Haben sie, die westdeutschen Imperialisten und ihre Lakaien, sich etwa gedacht, im Falle einer Revolution ungeschoren davon zu kommen? Sie werden für jedes Verbrechen, was sie gemacht haben, zahlen, wie die da gezahlt haben! Und das ahnen sie auch. Und deshalb drohen, zum Beispiel der USA, Energieminister Schlesinger, ich zitiere: »Die USA müssen die Ölquellen in den befreundeten arabischen Staaten, die von vitaler Wichtigkeit sind, schützen, und zwar notfalls durch militärische Präsenz. Wir müssen militärische Stärke demonstrieren«.

Na gut, was sie drohen, ist eine Sache. Was sie können, ist eine andere. Ich habe heute in der Zeitung gelesen, dass sie jetzt plötzlich Putz kriegen mit den arabischen Emiraten, und sogar mit Saudi-Arabien.

Eines haben uns die Ereignisse im Iran jedenfalls gezeigt: Eine Klasse, ein Volk, das nicht mehr will, das vom glühenden Hass gegen die Unterdrücker erfüllt ist, *ist selbst durch die grausamste faschistische Diktatur, selbst durch die höchstgerüstete Militärmaschine, durch die Massenmedien, die auf sie eingejammert haben, durch die beste Armee, nicht davon abzubringen und nicht zu verhindern, dass sie dieses Regime stürzt.* Diese iranischen Arbeiter und Bauern haben uns gezeigt, dass die Revolution, wie der Genosse Enver Hoxha sagte, ein Problem ist, das zur Lösung ansteht.

Nun mag man einwenden, bei dieser Revolution habe es sich ja nicht um eine sozialistische, sondern eher um eine anti-imperialistische, anti-feudalistische Revolution gehandelt, in der eine bürgerliche Klasse eine andere ablöste. Und klar, das ist im gewissen Grade richtig. Sicher wäre der Widerstand der Armee, der herrschenden Klasse, um einige Grade härter gewesen. Das ändert aber nichts, Genossen, an den Charakter dieser Revolution. Zwar war der Charakter ein anti-imperialistisch-demokratischer, aber die Kampfmittel, die hier benutzt wurden, waren proletarische. Proletarische Kampfmittel, wie zum Beispiel der Massenstreik auf den Ölfeldern, die Massendemonstrationen, die Bewaffnung. Das Zentrum der Bewegung lag in den großen Städten, lag in den Industriegebieten. Was die Revolution im Iran allerdings ganz klar zeigte, und was auch in vielen anderen Ländern gilt, das ist die Schwäche des subjektiven Faktors. Das ist das Fehlen einer revolutionären kommunistischen Partei.

Genossen, hier ist die Lage: Die Lage ist so, dass es überall in der Welt gärt, dass überall in der Welt revolutionäre Situationen entstehen. Aber was schwach ist in der Welt, das sind die bolschewistischen Parteien, die in der Lage sind, das Volk auch zur Revolution zu führen. Gut, das ist eine Folge des Verrats des modernen Revisionismus, aber wir müssen diese Folgen überwinden. Gab es im Iran diese Partei? Es gibt eine Bruderpartei, die ist sehr klein noch, die ist noch schwach. Wir wissen nicht, was sie gemacht hat.

In solch einer Situation wie im Iran ist es doch ganz klar, dass die Partei an der Spitze der Massen marschieren muss. Ist ganz klar, dass sie an der Spitze des Kampfes steht und dass sie auch die größten Opfer mitbringt. Was muss die Partei in solch einer Situation denn tun? Die muss sagen, hey, komm, Chomeini oder wie der heißt, der Dicke, komm mal her, wir marschieren jetzt gemeinsam.

Gegen den Klassenfeind, gegen die Amerikaner. Wir schmeißen gemeinsam den Schah raus, gemeinsam, die USA-Imperialisten. Nur darf die kommunistische Partei dabei nicht stehen bleiben. Dabei darf sie nicht stehen bleiben. Sie muss weitere Forderungen erheben. Forderungen, die über den Kreis rausgehen, den der Chomeini gestellt hat. Zum Beispiel, ich weiß nicht, welches die richtigen Forderungen im Iran sind, aber zum Beispiel Verstaatlichung des Erdöls, Bodenreform, Banken verstaatlichen, Schleier weg oder was weiß ich. Auf jeden Fall Forderungen, mit denen ich die Massen weitertreiben kann, Kollegen und Genossen. Das ist doch wie mit einer Rakete. Die erste Stufe hier, die bürgerliche Stufe, das heißt, die Stufe »raus mit dem USA-Imperialismus«, »raus weg mit dem Schah«, die bürgerliche Revolution, diese Stufe, die hat gezündet, die ist abmarschiert. Aber die zweite Stufe, die Stufe, die zum Sozialismus geht, die hat noch nicht gezündet, die ist umgefallen.

Wie haben das denn die Bolschewiki gemacht? Die

haben uns doch ein hervorragendes Beispiel dafür gegeben. Im Februar 1917, da haben sie die erste Stufe gezündet.[22] Da haben sie den Zar weggejagt. Er flog weg, genau wie man den Schah weggejagt hat. Und im Oktober, ein halbes Jahr später, da haben sie die zweite Stufe gezündet, die sozialistische Revolution, indem sie es verstanden haben, hier die richtige Forderung zu stellen, die richtige Losung in die Massen zu tragen. Was haben die Bolschewiki damals gesagt? »Schluss mit dem Krieg! Frieden!«. Und das war die Losung, mit der sie die zweite Stufe zündeten und in den Himmel jagten! Und eine Partei, eine kommunistische Partei, muss diese Taktik, diese revolutionäre Taktik beherrschen. Die Partei muss nicht unbedingt hunderttausende Mitglieder haben. Die Bolschewiki hatten 1916 in der Legalität ungefähr nicht mal ganz 40.000 Mitglieder. Und wir haben andere Parteien erlebt, zum Beispiel die indonesische Partei. Die hat, glaube ich, drei Millionen Mitglieder gehabt und zwölf Millionen in den Massenorganisationen. Und trotzdem hat es diese Partei nicht fertiggebracht, die sozialistische Revolution durchzuführen.

Es kommt nicht allein auf die Größe einer Partei an. Natürlich muss eine gewisse Größe da sein. Natürlich muss die Partei in allen Großbetrieben verankert sein, sonst kann sie die richtige Losung ja gar nicht reintragen. Sie muss auch in den größeren Städten, auch in den kleineren Städten, möglichst da sein. Aber wenn wir 50.000 haben und dann auch gut in den Massen verankert sind, dann sind wir schon ganz schön wer. Und da müssen wir hinkommen. Wir müssen stärker werben. Und deswegen auch das Stalin-Aufgebot. Klar, das geht nicht von heute auf morgen. Wir haben ja erst angefangen, diese sektiererischen Fehler der Vergangenheit zu überwinden, uns in den Massen zu verankern. Und woher kommen denn die neuen Genossen? Die kommen doch daher. Die kommen doch aus der RGO. Die kommen doch aus den anderen Massenorganisationen. Das ist klar, das geht nicht von heute auf morgen. Aber Ziel muss es sein, Genossen!

Wichtiger noch als die zahlenmäßige Stärke ist, wie gesagt, der Charakter der Partei, ihre Fähigkeit, die richtige Strategie und Taktik im Hinblick auf die Revolution zu entwickeln. Und heute, Genossen, ist die Partei dazu in der Lage. Die Partei hat nicht nur ihr Programm, das Programm für die sozialistische Revolution. Sie hat auch klar den Weg benannt. Sie entwickelt ihr Aktionsprogramm. Wir haben den Fehler der *reinen Propagandapartei der revolutionären Phrase* überwunden. Und wir haben die wichtigsten Kampffronten bestimmt.

[ÜBER DIE KAMPFFRONTEN IN DER BRD]

WELCHE SIND DIE WICHTIGSTEN KAMPFFRONTEN HIER in Westdeutschland im Klassenkampf? Das sind a, einmal die wirtschaftlichen Kämpfe. Und hier, bei den wirtschaftlichen Kämpfen, ist der Aufbau der RGO von großer Bedeutung. Der Aufbau der RGO ist ein wichtiger Hebel für uns, den wir weiterführen müssen. Die Frage oder die Politik der Einheitsfront-Taktik, die von unserer Partei früher absolut vernachlässigt wurde. Und haben wir denn keine Erfolge? Heute, sagt mir ein Genosse, er ist Personalrat geworden. Gut, kommt er dazu zu den 140 Betriebsräten, die wir schon haben.

Wieviel haben wir denn gehabt vor Jahren? Kommt er dazu zu den neuen Vertrauensleuten, die wir haben. Die Partei hat im letzten Jahr, im letzten zwei Jahren ihre Arbeit verbessert, ihre Gewerkschaftsarbeit verbessert. Sie hat sich enger mit den proletarischen Massen im Betrieb verbunden. Und die zweite wichtige Kampffront, das ist der politische, demokratische Kampf. Das ist der Aufbau einer Volksfront gegen Reaktion und Faschismus. Und auch dieser Kampf ist von großer Bedeutung. Der Kampf gegen die Berufsverbote, gegen das Todesschutzgesetz, den Polizeiterror, gegen das Auftreten der Neonazis oder den Aussperrungsterror der Kapitalisten.

Ihr seht die Tendenzen zum Faschismus der Kapitalisten, weil die Zeit gegen sie arbeitet. Und auch die Möglichkeit, wie ich schon vorhin sagte, des Ausweichens auf den Krieg, ist nicht vom Tisch. Auch Hitler ist so rangegangen. Hitler hat erstmal die Arbeitslosen von der Straße gebracht, hat aufgerüstet, alles in die Rüstung gesteckt. Aber die Militarisierung, die muss sich ja eines Tages umsetzen. Und deswegen hat Hitler auch den Krieg begonnen. Er musste ihn beginnen, sonst wäre er pleite gewesen. Und wer garantiert uns, dass nicht die Großmächte, wie ich vorhin sagte, auch eines Tages den Ausweg im Krieg sehen, dass sie im Kampf gegeneinander um die Weltherrschaft früher oder später zum Krieg kommen. Und deswegen muss die Partei auch hier wachsam sein.

Genossen, da kann eine neue Front auftauchen. Die Fronten können wechseln. Heute haben wir gesagt, die beiden Fronten hier, der wirtschaftliche und ökonomische Kampf und der Kampf gegen den Faschismus sind die beiden wichtigsten Hebel, die die Partei hat. Wir wissen nicht, welcher der wichtigere ist. Das ist ja eine Wechselwirkung. Verstärken sich die ökonomischen Kämpfe, verstärkt die Bourgeoisie ihren Terror gegen das Volk. Ihre Faschisierung greift sie voran. Und wir wissen nicht, welches der Hebel ist, mit dem wir an die Revolution kommen. Aber überlegt euch nur mal einen ganz kurzen Augenblick: Es wäre zum Krieg zwischen Russland und China gekommen. Und es würde dazu kommen. Was würde das heißen? Das würde heißen, wie gesagt, dass früher oder später unsere Dregger und unsere Strauß, dass die NATO in diesen Krieg eingreifen würde. Das würde aber heißen für die Partei, dass wir sofort eine Sitzung des Zentralkomitees machen, in dem wir beraten, wie sich die Lage geändert hat. Dass jetzt nicht mehr die beiden Fronten der Hauptpunkt sind, sondern dass die *Front des Kampfes gegen den imperialistischen Krieg* die Hauptfront ist. Gut, das ist nicht so weit. Solch eine Situation haben wir nicht. Was ich damit sagen will, ist nur, dass man flexibel sein muss. Dass man genau analysieren muss: Wie ist die Situation heute?

Und wir erleben die Faschisierung hier in der Bundesrepublik. Ihr habt den Film »Holocaust«[23] gesehen. Ihr wisst um das Problem der Verjährung. Wie wurde zum Beispiel hier in der Bundesrepublik nach den Nazis bis jetzt gefahndet. Ihr seht doch die Sendung hier Freitags, *XY…ungelöst* von dem Zimmermann. Hattet ihr da schon mal gesehen, dass da irgendein Nazi gefahndet wird? Dass sie gesagt haben, wir suchen den und den, der hat damals im KZ das und das gemacht? Ihr kennt die großen Plakate hier an den Anschlagssäulen (Litfaßsäulen) und im Bahnhof und bei der Post und so weiter, wo die Terroristen drauf sind, mit den Bildern.

Habt ihr schon mal solche Plakate gesehen, wo die Nazis drauf sind? Ihre Bilder, ihre Konterfeis, mit der Unterschrift, »da hat der das gemacht, in Auschwitz das gemacht und das gemacht«. Das hat es noch nie gegeben! Noch niemals ist für die Bestrafung Nazis eine Belohnung ausgesetzt worden! Da könnt ihr sehen, was das für ein Staat ist, in dem wir leben. Weil sie es nicht wollen, weil sie selbst Nazis sind. Kein Wunder bei solchen Leuten wie dem ehemaligen KZ-Baumeister Lübcke, der Bundespräsident war, oder Nazi-Kanzler Kiesinger, oder jetzt wollen sie uns diesen Karl Carstens, diesen Nazi als Präsidenten bescheren.

Ihr habt erlebt die Freisprüche im Majdanek-Prozess.[24] Die Ermittlungsdauer dieses Prozesses hat allein von 1962 bis 1975 gedauert. Wenn das keine Prozessverschleppung ist, allein 10 bis 12 Millionen Mark hat dieser Prozess bis jetzt den Steuerzahlern gekostet. Und dann diese Freisprüche. Was sind das für Leute, die da freigesprochen werden? Zum Beispiel diese Hildegard Lächert, die blutige Brigitte haben sie die genannt, im Majdanek-Prozess. Allein diese Frau ist beteiligt an 1.196 Morden während ihres Sadismus, ihrer Grausamkeiten damals gefürchtet. Sie ließ damals schwangere Polen von Hunden zerfleischen. Vor den Augen der Häftlinge ließ sie Kinder aus dem Leib der Mütter reißen. Und was geschieht der Dame? *Nichts geschieht ihr!*

Da stellen Verteidiger in diesem Majdanek-Prozess Anträge auf Gutachten. Man soll untersuchen, ob im Majdanek tatsächlich Menschen und nicht Tiere verbrannt wurden. *(Zwischenruf:* »Dazu möchte ich sagen, dass zum Beispiel dieser eine Verteidiger, der sogenannte ›Verteidiger‹, der Faschist [Jürgen] Rieger ist, der hier auch die Antifaschisten in Kiel hier mit verurteilt—dafür gesorgt hat«.) Das ist *eine* Crew, die sich da zusammengebunden hat. Die Richter, die Verteidiger und die Staatswaffen, das ist alles *eine* Crew. Was erleben wir denn? Da marschiert die SS-Totenkopf-Division in Arolsen auf. Die Heidrich-Witwe kriegt 5.000 Mark Pension im Monat. Das müsst ihr euch mal vorstellen. Wie viele Rentnerinnen gibt es hier, die mit ein paar hundert Mark auskommen müssen. Und diese Nazi-Tante kriegt 5.000 Mark im Monat Pension. Da stellt man mit einer Umfrage fest, dass in der Bundeswehrhochschule, wo die Offiziere ausgebildet werden, jeder Zehnte ein Faschist ist, ein Rechtsradikaler ist. Und wir sehen, dass aus dem Boden wachsen der vielen Nazi-Organisationen, die sich »NSDAP« oder weiß wie nennen. Und diese Organisationen haben auch noch Waffen. Das sollten wir mal haben. Sie sollten aber uns Waffen finden. Bei unseren Genossen. Was dann los wäre. Wie dann die Presse geifern würde. Wie sie von »Terroristen« sprechen würde.

Und während in Majdanek diese Nazi-Bestien freigesprochen werden, stehen am 28. Mai in Hamburg wieder unsere Genossen ein zweites Mal vor Gericht. Warum? Weil sie sich dagegen gewehrt haben, dass in Hamburg damals die Faschisten ihr Treffen abhalten konnten. Damals liefen die Faschisten mit ihren Hakenkreuz-Armen mitten durch die Mönckebergstraße. Und dagegen haben sich unsere Genossen gewandt. Aber die stehen vor Gericht und die Nazis werden freigesprochen.

Was ist das für ein Staat? Ein Staat, in dem wieder eine Datenbank eingeführt wird. Und das hat es ja noch nie gegeben. Die Faschisten sind noch niemals so weit gewesen wie die heutige Regierung. Mit drei Millionen Adressen. Und wer da alles drin ist, da gibt es eine Terroristenkartei mit 135.000 Namen. Wo sollen die denn herkommen? Da werden Wohngemeinschaften registriert als besondere Unterkünfte für Terroristen. Die wären doch ganz schön blöd, wenn die in eine Wohngemeinschaft gingen. Da sind allein 135.000 Organisationen benannt in dieser Datenkartei des Herrn Herold. So bereiten sie den Faschismus vor. Es sind ja nicht nur die Nazis, die den Faschismus vorbereiten. Es sind ja nicht diese Grüppchen da von »NSDAP«, die sich so nennen und so weiter.

Man soll uns doch nichts vormachen. Wir müssen hier auch aufpassen. Wir haben ja nicht umsonst diese Front »Gegen Reaktion und Faschismus genannt«. *»Gegen Reaktion«* mit dazu. Warum denn? Weil es sich nicht einfach handelt um die alten, Ewiggestrigen, um die paar, die da jetzt rumlaufen und da Krach machen. Sondern es handelt sich hier um den Regierungsapparat, der garantiert uns dann, wie der Faschismus beim nächsten Mal kommt. Ob er kommt über eine Notstandsverordnung, ob er kommt durch die Notstandsgesetze. Deswegen muss der Kampf gegen Reaktion und Faschismus geführt werden. Deswegen führen—sagen wir—zu diesem Kampf gehört auch der Kampf gegen den Aussperrungsterror. Deswegen führen wir diese Kampagne gegen die Aussperrung. Und bei diesem Kampf verankert sich die Partei tiefer in den Massen. Aber eins, Genossen, müssen wir dabei sehen: die Verankerung der Partei in den Massen, das ist doch kein Selbstzweck. Wir haben ja keinen Massentick, weil die Massen jetzt gerade modern sind. Sondern wir wollen ja was mit den Massen. Wir wollen ja darin arbeiten und wir wollen diese Massen führen. Nicht an die spontane Bewegung anhängen, hinterherlaufen. Die Partei ist keine Gratisbeilage zur Gewerkschaft, sondern wenn wir in diesen Massen arbeiten, wenn wir unsere Massenorganisation aufbauen, dann tun wir das doch nicht umsonst. Dann tun wir das, um diese Massen an die Position der Partei der Revolution heranzuführen. Das ist die Aufgabe eines Kommunisten!

Genossen, bei aller Richtigkeit unsere Ausrichtung unseres Kampfes gegen die Überreste des Sektierertums dürfen wir die Partei nicht vergessen, ihre Betriebsparteizeitung, ihr öffentliches Auftreten. Die Partei muss in Erscheinung treten. Sie ist da und sie wird kämpfen!

[SCHLUSS]

ICH HABE NEULICH GEHÖRT, DA SAGTE JEMAND, WIR MÜSSEN die Arbeiter an die Kernkraftbewegung ranbringen. Genossen und Kollegen, nichts gegen die Kernkraftbewegung. Das ist eine wichtige Bewegung, man muss darin arbeiten. Aber was für ein Quatsch, die Arbeiter an die Kernkraftbewegung ranbringen. Die Arbeiter müssen wir, wie gesagt, an *die Position der Revolution* ranbringen! Wir müssen ihnen die Notwendigkeit der Revolution erklären, ihren Nutzen klar machen. Alles das müssen wir, sonst sind wir gar keine bolschewistische Partei. »Die größte Gefahr ist die«, sagt Stalin, »die man vergisst«. Wie gesagt, beim Überwinden des linken Sektierertums eben nicht die Partei vergessen. Die Hauptgefahr in der Arbeiterbewegung, Genossen, ist der Rechtsopportunismus. Das müssen wir klar vor Augen haben. Natürlich kann eine Partei wie die unsere *linke Fehler* machen. Die hat sie gemacht. Und sie hat es gemerkt. Sie ist nicht größer geworden. Sie hat sich isoliert. Ganz klar. Solche Fehler kann man korrigieren. Das hat Lenin schon geschrieben im »Linken Radikalismus«. Und trotzdem hat Lenin einen Unterschied gemacht zwischen linken Fehlern und zwischen rechten.

Und es ist eine ganz klare Tatsache heute, dass der

Rechtsopportunismus die Hauptgefahr in der Arbeiterbewegung ist. Da sind sie doch alle, die ganz modernen Revisionisten, die Drei-Welten-Theoretiker und alle, wie sie da sind, die die Arbeiter von der Revolution weghalten wollen. Das ist doch ihre Aufgabe. Das müssen wir doch ganz klar sehen. Und sie leugnen eben die Notwendigkeit des Klassenkampfes, die Notwendigkeit der bewaffneten Revolution. Aber eins wissen wir ganz genau, Kollegen und Genossen: *Deutschland wird im weltweiten Meer des Klassenkampfes keine abgeschlossene Insel bleiben.* Mancher mag vielleicht heute noch kein Vertrauen haben und sagt: »Mensch, die kommen hinter dem Ofen hervor, die Arbeiter«. Und da machen sie noch nichts. Klar, ist doch noch so. Aber macht euch doch nichts vor. Auch in Westdeutschland werden sich die Klassenkämpfe verschärfen. Und die Arbeiter, über die du heute noch meckerst, weil er nicht mitmacht oder weil er noch nicht kommt, das wird der sein, der morgen an deiner Seite steht und kämpfen wird. Bereiten wir uns als Partei auf diese kommenden Zeiten vor. Und ist das sicher wie das »Amen!« in der Kirche, dass auch hier in Deutschland—man kann den Tag nicht voraussagen—dass hier in der Bundesrepublik eine revolutionäre Situation entstehen wird.

Und wenn diese Situation entsteht, Genossen, dann muss unsere Partei bereit—in der Lage sein, dass wir die zweite Raketenstufe, die zum Sozialismus führt zünden!…

Kiel, 1979.

[Ende der Tonbandaufnahme].   *Nach: Aust (1979/2012).*

ANHANG

FÜR'S VATERLAND? (AUSZÜGE)

Die Aufgaben der Partei

Es ist eine erstrangige Aufgabe jeder kommunistischen Partei, die Imperialisten an der Entfesselung eines Krieges zu hindern, dem Verlangen der Volksmassen nach Frieden Rechnung zu tragen und im Kampf um die Erhaltung des Friedens in vorderster Reihe zu stehen. Dabei gilt es, nüchtern die derzeitige Friedensbewegung, ihre Stärken und Schwächen, ihre verschiedenen Strömungen einzuschätzen und alle feindlichen Auffassungen zu entlarven und zu bekämpfen, die die Friedensbewegung einengen bzw. in eine falsche, der Bourgeoisie dienende Richtung zu lenken versuchen. Dabei gilt als Aufgabe der Partei:

1. Den Volksmassen erklären, woher die Kriegsgefahr droht, dass der amerikanische Imperialismus und der sowjetische Sozialimperialismus und die reaktionären Bourgeoisien eines jeden imperialistischen Landes die Feinde der werktätigen Massen und der unterdrückten Nationen, die Kriegshetzer und die Urheber des Krieges sind.

   Ihnen das Wesen des imperialistischen Krieges erläutern, ihr politisches Bewusstsein heben, wobei es nicht genügt zu sagen, dass sich die aggressive Natur des Imperialismus nicht geändert hat, sondern man muss täglich die Aggressions—und Kriegspolitik der Imperialisten am konkreten Beispiel entlarven, ihre Betrugsmanöver aufdecken und vereiteln sowie die Wachsamkeit des Volkes mobilisieren.

Dabei müssen wir ihnen erklären, dass man ohne den Kampf gegen die eigene Bourgeoisie, ohne den Kampf gegen die inneren reaktionären Kräfte, auch den äußeren Feind nicht bekämpfen, den Krieg nicht verhindern kann. Wir müssen ihnen sagen, dass es unsere internationale proletarische Pflicht ist, die Befreiungskämpfe der unterdrückten Völker gegen den Imperialismus zu propagieren und zu unterstützen sowie den westdeutschen Imperialismus an der Unterdrückung dieser Völker zu hindern.

2. Die Hauptschwäche der derzeitigen Friedensbewegung, ihre mangelnde Verbindung zur Arbeiterklasse, überwinden und unter der Losung »Gegen Sozialabbau und Rüstungswahnsinn« das Proletariat in den Kampf um die Erhaltung des Friedens einbeziehen, damit es zur führenden Kraft in der Bewegung wird. Denn ohne Verbindung mit dem revolutionären Klassenkampf des Proletariats ist die Friedensbewegung zum Scheitern verurteilt.

Nur in Verbindung mit der allgemeinen Verschärfung des Klassenkampfes in den Betrieben kann auch der Kampf um die Erhaltung des Friedens erfolgreich sein. Dabei müssen ihn die Organe der Arbeiter (Betriebsräte, Vertrauensleute etc.) in die eigenen Hände nehmen und ihn über die revolutionäre Aktion, den Streik bis hin zum Generalstreik, verschärfen. Denn es darf den Reichen, den Kapitalisten, nicht wieder gelingen, um ihres Profites willen die Proletarier der verschiedenen Länder gegeneinander in den Krieg zu hetzen.

Wir müssen den Arbeitern, unseren Kollegen erklären, dass, sollte es zu einem imperialistischen Krieg zwischen NATO und Warschauer Pakt kommen, es nicht um die Verteidigung des Vaterlandes, der Heimat, um ihre Freiheit geht, sondern um die Raub- und Herrschaftsinteressen der Kapitalisten, dass ihnen ihre russischen, polnischen, amerikanischen, französischen Klassenbrüder näherstehen als die herrschende Klasse des eigenen Landes. Dass es ihre Aufgabe ist, den imperialistischen Krieg—sollte er ausbrechen—unter der Losung »dreht die Gewehre um« in einen Krieg zur Befreiung vom Joch, der Diktatur des Kapitalismus, zur Errichtung der Herrschaft der Arbeiterklasse, der Diktatur des Proletariats zu verwandeln.

3. Zu versuchen, mit der Arbeiterklasse als Kern eine mächtige Kampffront gegen den Krieg zu schaffen, was die gemeinsame Aktion der kommunistischen Partei mit allen Kräften voraussetzt, die bereit sind—wenn auch nur in Teilzielen—gegen Krieg und Kriegsvorbereitung jeglicher Art seitens der Kapitalisten vorzugehen.

Dabei kommt es darauf an, sich den pazifistischen Kräften gegenüber nicht sektiererisch zu verhalten, denn Pazifismus bedeutet eine Aufrüttelung der Volksmassen und ihre Hineinziehung in die Politik. Er unterwühlt die bürgerliche Macht und bereitet den Boden für revolutionäre Erschütterungen vor. Er führt nicht zur Festigung der bürgerlichen Macht, sondern zu ihrer Schwächung, nicht zur Vertagung der Revolution, sondern zu ihrer Beschleunigung. Die derzeit wachsende Friedensbewegung in der Bundesrepublik ist, wenn es gelingt, ihr Richtung und Ziel zu verleihen, durchaus in der Lage,

• den Frieden in der Bundesrepublik und darüber hinaus in Mitteleuropa sicherer zu machen;
• die Macht der Bourgeoisie zu schwächen und

die Volksmassen näher an die Revolution heranzubringen.

Wachsamkeit tut not!

Sie wird scheitern wie ähnliche Bewegungen vor ihr, wenn es der Bourgeoisie und ihren revisionistischen Agenten gelingt, sie vom revolutionären Kampfe gegen die imperialistischen Kriegsbrandstifter und ihre Lakaien abzuhalten. Deshalb ist es die Pflicht jedes Kommunisten, alle Auffassungen, Thesen und Theorien zu entlarven und zu bekämpfen, die die Friedensbewegung einengen bzw. sie in eine falsche, der Bourgeoisie dienende Richtung lenken. Dabei handelt es sich um:

- die revisionistische These von der friedliebenden Sowjetunion, die die Friedensbewegung einengt und das Wesen der Kriegsgefahr, die vom Streben der Imperialisten, vor allem der zwei Supermächte, den USA und der Sowjetunion, nach Rohstoffquellen, Absatzmärkten, Einflusssphären und Weltherrschaft ausgeht, verfälscht und einen Weltkrieg—sollte er ausbrechen—seitens der Sowjetunion für einen gerechten Krieg erklärt. In diesem Zusammenhang steht die Forderung nach der Schaffung einer gemeinsamen Kampffront aller antiimperialistischen Kräfte zusammen mit der UdSSR gegen den USA-Imperialismus, denn die Sowjetunion ist weder antiimperialistisch, noch kann man auf Seiten des einen imperialistischen Räubers den anderen bekämpfen;
- die bürgerliche Propaganda von den friedfertigen, freiheitsliebenden Vereinigten Staaten, mit denen zusammen man den Kampf gegen

den angeblichen Hauptfeind der Völker, die Sowjetunion, führen müsse, die über die chinesische Drei-Welten-Theorie auch Eingang in gewisse Kreise der Linken gefunden hat;

- die Behauptung von der Ungefährlichkeit bzw. Nichtexistenz des westdeutschen Imperialismus, die dazu dient, im Falle eines Krieges der Supermächte zur Vaterlandsverteidigung aufzurufen, wie die Versuche, die Gefährlichkeit des westdeutschen Imperialismus, als ginge von ihm die Hauptkriegsgefahr aus, als Vorwand zu nehmen, die besonders aggressive Rolle des USA-Imperialismus und des sowjetischen Sozialimperialismus zu verharmlosen;

- der Versuch, den Klassencharakter auch eines Nuklearkrieges, den Unterschied zwischen gerechten und ungerechten Kriegen zu leugnen, mit dem Hinweis auf die gewaltige Vernichtungskraft eines Atomkrieges durch Losungen wie »Den nächsten Krieg gewinnt der Tod«. Die Überbetonung der Gefährlichkeit der Waffen, die Raketenzählerei, die Theorie von der Notwendigkeit des militärischen Gleichgewichts, der Abschreckung, als ginge die Gefahr eines Krieges von der jeweils vorhandenen Waffenstärke der einen oder der anderen Seite aus und nicht von der Aggressions-, der Kriegspolitik der imperialistischen Mächte, die sie zwangsläufig betreiben, weil die erreichte Stufe der Kapitalkonzentration sie zwingt, diesen Weg zu beschreiten, um Profit zu erzielen;

- die sozialdemokratisch imperialistisch-pazifistischen Thesen, die auch von der DGB-Führung vertreten werden, die die Massen mit tö-

nenden Phrasen über Entspannung, Abrüstung
und Frieden betrügen und seine Erhaltung den
imperialistischen Groß- und Supermächten,
den Kriegsbrandstiftern überantworten und so
den Bock zum Gärtner machen;

- die pazifistische These von der notwendigen
Gewaltlosigkeit der Friedensbewegung, denn
Friedenskampf ohne Propagierung der revolutionären Aktion kann die Bewegung nur
demoralisieren, indem sie ihr Vertrauen in
die Humanität der Bourgeoisie einflößt, denn
ohne Gewalt gegen die Gewalttäter, in deren
Händen sich Macht und Waffen befinden,
kann auch die Friedensbewegung letztendlich
nicht erfolgreich sein;

- das Auftreten mit Parolen von der totalen und
allgemeinen Abrüstung, der Schaffung einer
Welt ohne Waffen, ohne Armeen und Kriege
schon heute, ohne dass klargemacht wird, dass
die Erreichung dieses Ziels erst nach dem weltweiten Sturz des Imperialismus, des Kapitalismus möglich wird;

- das Benutzen von Losungen und Forderungen
wie z.B. für Abrüstung in Ost und West, Auflösung der NATO und des Warschauer Paktes
etc., um den Kampf gegen die eigene Bourgeoisie, den westdeutschen Imperialismus, das
Aufstellen konkreter Forderungen an die Bundesregierung zur Erhaltung des Friedens zu
verhindern.

Natürlich sind wir Kommunisten für die Abrüstung
in Ost und West für die Auflösung der aggressiven Kriegs-
blöcke der NATO und des Warschauer Pakts, doch entzieht
sich die Durchsetzung dieser Forderungen unserem eigenen

Vermögen, da sie sich auf andere Staaten erstreckt und nur durch den gemeinsamen Kampf des Proletariats, der Werktätigen aller Länder durchgesetzt werden können. Schon immer ist es die Taktik der Bourgeoisie gewesen, den Kampf des Volkes auf unverbindliche pazifistische Gleise wie »gegen die Bombe« zu lenken, um sich vor konkreten Schritten in Richtung Abrüstung und Frieden zu drücken. Und selbst Bestrebungen, die den Kampf auf die Nachrüstungsfrage beschränken, werden zu einem Hindernis für die weitere Entfaltung der Friedensbewegung. Deshalb muss die Partei über den Kampf um die Verhinderung der Nachrüstung hinaus der Friedensbewegung Richtung und Ziel verleihen, indem wir versuchen, die Massen für die Durchsetzung der Hauptpunkte unseres Friedensplans zu mobilisieren:

- *den Abzug aller fremden Truppen von bundesdeutschem Boden »Ami go home!«*
- *die Herabsetzung der Rüstungsausgaben, Einstellung des Baus von Angriffswaffen und ihre Verschrottung!*
- *Austritt der Bundesrepublik aus der NATO!*
- *Erklärung der Neutralität der deutschen Bundesrepublik!*

Das Ziel des Friedensplans

Der Kampf um die Durchsetzung des Friedensplans der Partei dient damit vor allem folgenden Zielen:

1. Durch die Neutralisierung der Bundesrepublik den Ausbruch eines Krieges zwischen NATO und Warschauer Pakt in Mitteleuropa zu erschweren;
2. dadurch zu verhüten, dass die Bundesrepublik zum zentralen Schlachtfeld in Europa wird;
3. durch die mit dem Kampf um die Verwirklichung

der Forderungen des Friedensplanes zwangsläufig verbundene Schwächung des westdeutschen Imperialismus eine Verbesserung der Kampfbedingungen des Proletariats gegen die Bourgeoisie für die Vorbereitung der sozialistischen Revolution zu erreichen.

Insofern ist klar, dass der Kampf um die Verwirklichung der wichtigsten Forderungen des Friedensplans der Partei, die Forderung nach Neutralität keine Zwischenetappe auf dem Weg zum Sozialismus ist, sondern nur ein Teilziel erstrebt: Die Ersetzung der derzeitigen amerikahörigen Bundesregierung durch eine, die wenigstens nach Stalin »zur Verhütung eines *bestimmten* Krieges, zu seinem zeitweiligen Aufschub, zur zeitweiligen Erhaltung des *gegebenen* Friedens… bereit ist« (Stalin, 1952/1979, S.327). Die bereit ist, wenigstens zeitweilig durch eine Politik der Neutralität den Frieden für die Bundesrepublik sicherer zu machen.

Neutralität und Sozialismus

Wenn wir die Forderung nach Neutralität erheben, so fordern wir damit eine Abkoppelung der Bundesrepublik von der Aggressionspolitik der amerikanischen Supermacht, so fordern wir von der Bundesregierung, sich aus der Konfliktstrategie der zwei Supermächte, ihrem Kampf um Weltherrschaft, herauszuhalten. Keinesfalls verbinden wir damit die Illusion, eine derart neutrale Bundesrepublik wäre kein imperialistischer Staat mehr. Sie bleibt—auch neutral—auf vielfältige Weise der imperialistischen Weltbourgeoisie verbunden und würde auch weiterhin ihre eigenen aggressiven imperialistischen Interessen und Ziele verfolgen. Deshalb ist es notwendig, die Forderung nach Neutralität unbedingt mit Forderungen zu verbinden, die eine Schwächung des westdeutschen Imperialismus bedeuten, wie Herabsetzung der

Rüstungsausgaben, Einstellung des Baus von Angriffswaffen und ihre Verschrottung, Entfernung aller atomaren, chemischen und anderen Massenvernichtungswaffen von bundesdeutschem Boden etc.

Immer bleibt die Gefahr bestehen, dass sich auch eine neutrale Bundesrepublik—würde sie angegriffen oder auch nicht—an einem Krieg zwischen den Supermächten beteiligen wird. Für uns Kommunisten aber heißt die Frage nicht, wer ist der Angreifer, in wessen Land steht der »Feind«, sondern welche Klasse führt den Krieg, welche Politik wird durch ihn fortgesetzt. Die aber ist klar: Die Politik der imperialistischen Staaten, ihr Kampf um die Neuaufteilung der Welt. Dieser Krieg aber ist nicht unser Krieg. Deshalb bleibt die zentrale Losung unserer Partei: »Krieg dem imperialistischen Krieg!«

Wir Kommunisten kämpfen aufrichtig für die Erhaltung des Friedens. Wir wollen den Sozialismus nicht auf den Trümmern eines zerstörten Deutschlands errichten. Deshalb bleibt unser Kampf für ein vereintes, unabhängiges, sozialistisches Deutschland untrennbar mit dem Kampf um die Erhaltung des Friedens verbunden. Dieser Kampf wird Opfer fordern. Der westdeutsche Imperialismus wird nicht kampflos Positionen aufgeben oder auch nur seine Schwächung in Kauf nehmen. Doch jedes Opfer lohnt sich, wollen wir unser und das Leben unserer Kinder sichern, wollen wir verhindern, dass der Kapitalismus bei seinem unvermeidlichen Untergang eine Welt der atomaren Zerstörung hinterlässt.

Das Jahr 1982 bringt der westdeutschen Friedensbewegung weitere Erfolge. Als bekannt wird, dass der amerikanische Präsident Ronald Reagan im Juni die Bundesrepublik besuchen will, wendet sich die KPD am 21.02. in einem Offenen Brief an alle Unterstützergruppen und -Organisationen, die die Demonstration am 10.10.1981 in Bonn organisierten und fordert sie auf:

Ronald Reagan kommt

»Ähnlich wie wir den Besuch Leonid Breschnews zum Anlass genommen haben, um gegen die sowjetische Aufrüstungs- und Aggressionspolitik zu demonstrieren, sollten wir den Besuch Ronald Reagans zum Anlass nehmen, um gegen die amerikanische Aufrüstungs- und Aggressionspolitik auf die Straße zu gehen…
Unserer Ansicht nach sollte eine solche Demonstration folgende Stoßrichtung haben: 1. Die Demonstration soll sich gegen die amerikanische Kriegs- und Aggressionspolitik richten. 2. Die Demonstration sollte sich auch gegen die NATO und ihre sogenannte Politik der Stärke richten. 3. Für die Abkoppelung der Bundesrepublik von den USA; für den Austritt der Bundesrepublik aus der NATO; für Neutralität« (KPD, 1982).

Im Zuge der folgenden Vorbereitungen für die Anti-Reagan-Demonstration am 10. Juni kommt es bezüglich des gemeinsamen Aufrufs zu Auseinandersetzungen in der Friedensbewegung. Dabei gelingt es der DKP und ihren Anhängern, bezüglich der sowjetischen Aggressionspolitik eine Formulierung durchzusetzen, die in ihrer bewusst verschwommenen Form direkt aus Moskauer diplomatischen Noten abgeschrieben sein könnte. Die KPD erklärt dazu im »Roten Morgen« vom 16.04.:

»Der Aufruf zur Anti-Reagan-Demonstration geht also weit hinter den vom 10. Oktober zurück. Zwar hatte auch dieser einige Schwächen, aber zum einen stand damals die richtige Forderung nach Kündigung des NATO-Raketen-Beschlusses ganz eindeutig im Vordergrund. Zum anderen enthielt er weder eine so deutliche Orientierung auf die Verhandlungskonferenzen der Supermächte, noch eine unverhohlene Rechtfertigung sowjetischer Machtpolitik wie der hier kritisierte Aufruf. Deshalb konnte unsere Partei trotz einiger Bedenken, beim 10.10. als Mitunterzeichner auftreten, was jetzt absolut nicht möglich ist. Unserer vollen Mobilisierung für die Demonstration am 10. Juni wird das natürlich keinen Abbruch tun« (Roter Morgen, 1982).

In einem offenen Brief an das Koordinationsbüro »Friedensdemonstration 10.06.1982 in Bonn« fordert das Politbüro der KPD: »Die Demonstration am 10. Juni muss sich gegen den Kriegskurs der USA und seine Unterstützung durch die Bundesregierung richten!«. Die Partei begründet darin, warum sie den Aufruf zu dieser Demonstration nicht unterschreiben konnte. Und zwar weil »der Aufruf keine klare Kampfansage an den Kriegskurs der US-Regierung, keine klare Absage an die Bündnispolitik der Bundesregierung und keine klare Haltung für einseitige Abrüstungsmaßnahmen« enthält. Trotzdem mobilisiert die Partei all ihre Kräfte, um die Demonstration zu einem vollen Erfolg werden zu lassen.

Nachdem es am 17.04. anlässlich des SPD-Parteitages in München zu einer Demonstration von 70.000 Menschen gegen die Nachrüstungspolitik der SPD-Regierung kommt und die Ostermärsche zu einer machtvollen Demonstration für den Frieden werden, *kommt es am 10. Juni 1982 anlässlich des Reagan-Besuchs zur größten Friedensdemonstration der deutschen Geschichte, an der über 400.000 Menschen teilnehmen.* Auffallend bei dieser Demonstration ist, dass die Parolen der Partei im Gegensatz zur Demonstration vom 10.10.1981 zunehmende Verbreitung finden. Das Bild der Demonstration wird zunehmend bestimmt von Forderungen wie: »Raus aus der NATO« — »Der NATO einen frohen Leichnam« — »Raus aus der NATO, rein ins Vergnügen« u.a.m.

Gegen Sozialabbau und Rüstungswahnsinn

Im weiteren Verlauf des Jahres kommt es, nachdem die USA-Regierung die Möglichkeit eines länger anhaltenden und gewinnbaren Atomkriegs zur Grundlage ihrer künftigen Militärstrategie erklärten, zu den ersten gewaltfreien Blockaden amerikanischer Waffendepots in der BRD. Immer stärker wird in der Friedensbewegung der Trend, sich vom Einfluss der modernen Revisionisten der DKP zu trennen. Organisationen wie die der Grün/Alternativen nehmen die Forderung »Austritt aus der NATO« in ihr Programm auf. *Zunehmend setzt sich in der Arbeiterbewegung die Losung »Gegen Sozialabbau und Rüstungswahnsinn« durch.*

Der Machtwechsel in Bonn, der Antritt der CDU/CSU/FDP-Regierung bedeutet eine weitere Verschärfung der Kriegsgefahr. Ihr uneingeschränktes Ja zu den Positionen der NATO und des kalten Krieges im Weißen Haus, die zunehmenden revanchistischen Äußerungen der bundesdeutschen Reaktion erhöhen die Gefahr des Ausbruchs eines dritten Weltkrieges. Die beabsichtigte Kriminalisierung der Friedensbewegung durch die Machthaber in Bonn wird ohne Zweifel den Kampf um die Erhaltung des Friedens verschärfen. Umso aktueller stehen die Worte Stalins:

> *»Der Frieden wird erhalten und gefestigt werden, wenn die Völker die Erhaltung des Friedens in ihre Hände nehmen und ihn bis zum Äußersten verteidigen. Der Krieg kann unvermeidlich werden, wenn es den Kriegsbrandstiftern gelingt, die Volksmassen*

*durch Lügen zu umgarnen, sie zu betrügen und sie
in einen neuen Weltkrieg hineinzuziehen«[1]* (Stalin,
1951/1979, S.243).

1983, März.

Nach: Aust (1983, S.275–287).

---

1   **Die Red.:** Hervorhebung von Ernst Aust.

REGISTER

ABKÜRZUNGEN

ABC	Atomar-Biologisch-Chemisch.
APO	Außerparlamentarische Opposition.
BDI	Bundesverband der Deutschen Industrie (1949–).
BRD	Bundesrepublik Deutschland (1949–).
CDU	Christlich Demokratische Union Deutschlands (1945–).
CIA	Central Intelligence Agency (1947–).
CSU	Christlich-Soziale Union in Bayern e.V. (1945–).
DDR	Deutsche Demokratische Republik (1949–1990).
DGB	Deutscher Gewerkschaftsbund (1949–).
DKP	Deutsche Kommunistische Partei (1968–).
EG	Europäische Gemeinschaft (1993–2009).
EU	Europäische Union (1993–).
EWG	Europäische Wirtschaftsgemeinschaft (1957–1993).
FDP	Freie Demokratische Partei (1948–).
FPÖ	Freiheitliche Partei Österreichs (1955–).
FVR	Föderative Volksrepublik.
GUE/NGL	Die Linke im Europäischen Parlament (1994–).
IWF	Internationaler Währungsfonds (1945–).
Jusos	Arbeitsgemeinschaft der Jungsozialistinnen und Jungsozialisten in der SPD (1914–).
K-Gruppen	Kommunistische Gruppen.
KABD	Kommunistischer Arbeiterbund Deutschlands (1972–1982).

KPD	Kommunistische Partei Deutschlands (1918–1956).
KPD/AO	Kommunistische Partei Deutschlands (Aufbauorganisation, 1970–1980).
KPD/ML	Kommunistische Partei Deutschlands Marxisten/Leninisten (1968–1986).
KPJ	Kommunistische Partei Jugoslawiens (1919–1952).
KPR(B)	Kommunistische Partei Russlands (Bolschewiki, 1918–1925).
KPdSU	Kommunistische Partei der Sowjetunion (1952–1991).
KPdSU(B)	Kommunistische Partei der Sowjetunion (Bolschewiki, 1925–1952).
KPČ	Kommunistische Partei der Tschechoslowakei (1921–1990).
KZ	Konzentrationslager.
MfS	Ministerium für Staatssicherheit (1950–1990).
M$_w$	Momenten-Magnituden-Skala.
NATO	Nordatlantikpakt-Organisation (1949–).
NSDAP	Nationalsozialistische Deutsche Arbeiterpartei (1920–1945).
NSDStB	Nationalsozialistischer Deutscher Studentenbund (1926–1945).
PAA	Partei der Arbeit Albaniens (1948–1991).
PCE	Kommunistische Partei Spaniens (1921–).
PCI	Italienische Kommunistische Partei (1921–1991).
RFB	Roter Frontkämpferbund (1924–1929).
RGO	Revolutionäre Gewerkschafts-Opposition (1928–1936).
RGW	Rat für gegenseitige Wirtschaftshilfe (1949–1991).
SA	Sturmabteilung (1920–1945).
SAVAK	Organisation für Informationen und Sicherheit des Landes (Iran, 1957–1979).
SPD	Sozialdemokratische Partei Deutschlands (1875–).
SR	Sozialistische Republik.
SVR	Sozialistische Volksrepublik.
UNO	Vereinte Nationen (1945–).
USA	Vereinigte Staaten von Amerika (1776–) .

USPD	Unabhängige Sozialdemokratische Partei Deutschlands (1917–1931).
UdSSR	Union der Sozialistischen Sowjetrepubliken (1922–1991).
VR	Volksrepublik.
WJC	Jüdischer Weltkongress (1936–).
v.u.Z.	vor unserer Zeit.
ÖVP	Österreichische Volkspartei (1945–).
ČSR	Tschechoslowakische Republik (1918–1960).
ČSSR	Tschechoslowakische Sozialistische Republik (1960–1990).

ANMERKUNGEN

[1]   *Notstandsgesetze* — am 30. Mai 1968 vom Bundestag in der Zeit der ersten Großen Koalition verabschiedete, zutiefst antidemokratische 17. Grundgesetzänderung (seit 1949). Für den Fall der Bedrängnis des bürgerlichen Staates wurde eine Notstandsverfassung eingeführt, die die Handlungsfähigkeit der Bundesregierung in »Krisensituationen« sichern soll. Diese Notstandsgesetze stehen in der Kontinuität des Artikels 48 der Weimarer Reichsverfassung, der es dem Reichspräsidenten Paul von Hindenburg nach dem Reichstagsbrand vom 28. Februar 1933 ermöglichte, den Ausnahmezustand zu verhängen, die Reichstagsbrandverordnung zu erlassen, die Grundrechte außer Kraft zu setzen und die NS-Diktatur einzuleiten. Seit der Verabschiedung der Notstandsgesetze kann die Bundesregierung einen »inneren Notstand« verhängen (z.B. im Fall einer erstarkenden linken Opposition) und unter diesen Umständen die Kontrolle über die Länderpolizeien übernehmen, das Recht auf Freizügigkeit (Art. 11 GG) und das Post- und Fernmeldegeheimnis (Art. 10 GG) aufheben und die Bundeswehr zur Aufrechterhaltung der inneren Ordnung einsetzen. Außerdem kann sie im Falle des »inneren Notstands« Gesetze im Eilverfahren erlassen und das Parlament ausschalten. Wahlen werden ebenfalls abgeschafft und Gesetzesvorhaben der Regie-

rung vor den Bürgern und dem Parlament geheim gehalten. Die Notstandsgesetze wurden von den Linken und den Gewerkschaften stark kritisiert. So riefen z.B. Studierende der TU Berlin zum Streik gegen die »NS-Gesetze« auf. 1960 stand im DGB, insbesondere der IG Metall, per Beschluss fest, im Falle einer Notstandsgesetzgebung durch den Bundestag mit allen Mitteln, einschließlich dem Generalstreik, einer solchen entgegenzutreten. Die rechte DGB-Führung strich das allerdings 1969, da sie es für »undemokratisch« hielt, gegen einen Bundestagsbeschluss zu streiken. Ebenfalls werden die nicht-verfassungsändernden Gesetze seit Ende der 1950er Jahre als »Notstandsgesetze« bezeichnet.

[2]   *Chinesisch–Vietnamesischer Krieg 1979* — Einmarsch (17. Februar–16. März 1979) der chinesischen Volksbefreiungsarmee (unter Führung von Hua Guofeng, & Deng Xiaoping) in die SR Vietnam, als Reaktion auf das Resultat des →Kambodschanisch–Vietnamesischen Kriegs. Führte zum Rückzug des II. Korps der vietnamesischen Volksarmee aus dem Demokratischen Kampuchea zur Verteidigung Hanois. Die chinesischen Volksbefreiungsarmee konnte trotz dem Rückzug des II. Korps der vietnamesischen Volksarmee aus dem Demokratischen Kampuchea zur Verteidigung Hanois ihre Ziele nicht erreichen, sodass Kampuchea bis 1991 besetzt blieb.

[3]   *Drei-Welten-Theorie* — auf Mao Zedong (Gespräch mit Kenneth Kaunda, Präsident von Sambia am 22. Februar 1974) und Deng Xiaoping zurückzuführende antimarxistische Theorie der »Dreiteilung« der Welt, wobei die Erste Welt aus den USA und der UdSSR, die Zweite Welt aus Europa, Kanada und Japan und die Dritte Welt aus armen, wenig entwickelten Staaten, wie dem größten Teil Asiens, Afrikas und Lateinamerikas besteht, mit katastrophalen Auswirkungen auf die internationale Arbeiterbewegung. Erklärte die UdSSR zur »schlimmeren« der beiden Supermächte, leugnete die schdanowsche (marxistische) Auffassung von der Zweiteilung der Welt

in eine kapitalistische und eine sozialistische und bildete
die theoretische Grundlage für ein Bündnis des Maoismus mit dem US-Imperialismus, z.B. durch Treffen von
Richard Nixon & Mao Zedong 21.–28. Februar 1972.
Propagierte den Burgfrieden der Arbeit in der »Dritten
Welt« mit dem Kapital und die Annäherung an die USA
im Kampf gegen die UdSSR, z.B. durch das Treffen Zhou
Enlais mit Berthold Beitz, dem Generalbevollmächtigten
des Krupp-Konzerns und dt. Cheflobbyist, oder Wahlauf-
rufe für die CSU durch Maoisten in der BRD (1979).
Später vor allem vom cn. Sozialimperialismus instrumen-
talisiert und von Enver Hoxha kritisiert.

[4]   *XX. Parteitag der KPdSU* — konterrevolutionärer Staatsstreich (14.–25. Februar 1956) in der SU, mit dem die
parteifeindliche Clique um Nikita Chruschtschow, Niko-
lai Bulganin und Alexei Kossygin ihre Macht konsolidier-
te, u.a. durch die Entmachtung und Säuberung führender Kommunisten wie Georgi Malenkow, Wjatscheslaw
Molotow und Lasar Kaganowitsch sowie der ideologi-
schen Vorbereitung (unter dem Vorwand der »Entstali-
nisierung«) einer Reihe von Liberalisierungsmaßnahmen,
die schließlich zur Restauration des Kapitalismus in der
Sowjetunion durch die Liberman–Reformen (1965) und
ihrer endgültigen Auflösung durch Perestroika und Glas-
nost (1985–1991) führten.

[5]   *Südafrikanisches Kernwaffenprogramm* — Südafrika
forschte unter der Apartheidregierung (1948–1994) von
den 1960er bis in die 1990er Jahre an Massenvernichtungswaffen (ABC), um Druck auf die USA auszuüben
und in regionalen Konflikten gegen kommunistische
und sowjetfreundliche Kräfte zu intervenieren. »Israel«,
ebenfalls ein Apartheidstaat, hatte seit den 1970er Jahren
einen langfristigen Kooperationsvertrag mit Südafrika zur
Entwicklung von Massenvernichtungswaffen (trotz der
Resolution 418 des UN-Sicherheitsrates vom 4. November 1977, die ein verbindliches Waffenembargo gegen
Apartheid-SA verhängte). Bis 1977 hatten Südafrika

und »Israel« gemeinsam mindestens sechs Atombomben produziert.

[6] *Deutsches Reich in den Grenzen vom 31. Dezember 1937* — bis in die 1970er Jahre verwendeter Kampfbegriff reaktionärer Kräfte (u.a. NPD, CDU, SPD, FDP) in der BRD-Politik in der Diskussion der sog. »deutschen Frage«. Zurückzuführen auf die Außenministerkonferenz in Moskau (1943), da dort als Stichtag der 31. Dezember 1937 zur Definition der dt. Reichsgrenzen vor der Territorialen Ausdehnung festgelegt wurde. Bezeichnet das derzeitige dt. Territorium, zzgl. Pommern, Schlesien, Ostpreußen (heute Polen), sowie Kaliningrad (heute Russische Föderation). Erst im Zwei-plus-Vier-Vertrag (12. September 1990) hat die BRD die Oder-Neiße-Grenze als Friedensgrenze *völkerrechtlich bindend* anerkannt, wohingegen die DDR das bereits seit ihrer Gründung (1949) tat.

[7] *Kambodschanisch–Vietnamesischer Krieg 1979* — bewaffneter Konflikt (17. Februar–16. März 1979) zwischen dem (von den USA, Großbritannien und der VR China unterstützten) Demokratischen Kampuchea (unter Führung von Pol Pot) und der von der UdSSR unterstützten SR Vietnam (unter Führung von Lê Duân) als Resultat auf das Ba Chúc Massaker (18.–30. April 1978), in dem die Nationalarmee des Demokratischen Kampuchea 3.157 Zivilist:innen in der An Giang Provinz (Vietnam) brutal ermordet hatte, sowie die fehlgeschlagenen Invasionsversuche der Nationalarmee des Demokratischen Kampuchea auf die vietnamesischen Provinzen Đồng Tháp, An Giang und Kiên Giang. In zwei Wochen hat die Volksarmee die Nationalarmee des Demokratischen Kampuchea vernichtend geschlagen und die Partei des Demokratischen Kampuchea abgesetzt.

[8] *Urgesellschaft* — auf den amerikanischen Anthropologen Lewis Henry Morgan & Friedrich Engels zurückzuführender Begriff für das ursprüngliche Zusammenleben der Menschen in vorgeschichtlicher Zeit (vor der Entstehung

erster schriftlicher Überlieferungen). Begann vermutlich vor 3.000.000 Jahren und endete vor ca. 20.000 (ca. 99% der Existenzzeit des Menschen). Charakteristisch für diese Periode ist das Fehlen von Privateigentum an Produktionsmitteln und Ausbeutung. Aufgrund des geringen Entwicklungsstandes der Produktivkräfte konnte jedoch nicht die Bedürfnisbefriedigung aller Mitglieder der Gesellschaft gewährleistet werden. Gleichbedeutend mit dem *Urkommunismus.*

[9]   *Prager Frühling 1968* — Versuche der KPČ in der ČSSR ein umfassendes Liberalisierungsprogramm durchzusetzen, um schneller als die anderen RGW-Staaten kapitalistische Produktionsverhältnisse wieder einzuführen. Alexander Dubček versuchte einen »Sozialismus mit menschlichem Antlitz« zu schaffen, was übersetzt die Abschaffung der verbliebenen Elemente der Planwirtschaft, die Einführung einer liberalen Marktwirtschaft mit einem starken Sozialstaat und eine Amnestie für zuvor verurteilte Schwerverbrecher bedeutete. Am 21. August 1968 marschierten eine halbe Million Soldaten aus der UdSSR, der VR Polen, VR Ungarn und VR Bulgarien in die ČSSR ein, besetzten alle strategisch wichtigen Positionen im Land und nahmen Alexander Dubček fest. Im August 1968 wurde Gustáv Husák, der den reformkritischen Flügel der Partei vertrat, mit starker Unterstützung der UdSSR zum neuen Parteivorsitzenden gewählt, was ein vorzeitiges Ende der Reformversuche bedeutete. Nach dem Einmarsch mehrerer Mitglieder des Warschauer Vertrags in einen »sozialistischen« Bruderstaat verließ ihn aus Protest die Sozialistische Volksrepublik Albanien.

[10]   *Eurokommunismus* — in den 1970er Jahren vor allem in den italienischen, spanischen und französischen KPs mit Vertretern wie Enrico Berlinguer (Generalsekretär der PCI, 1972–1984) und Santiago Carrillo (Generalsekretär der PCE, 1960–1982), und anderen ehemals »kommunistischen« Parteien herausgebildete Strömung, die einen Mittelweg zwischen der etablierten Sozialdemokratie und

dem Sowjetrevisionismus sowie die Integration liberaldemokratischer »europäischer« Werte anstrebte, den Kampf gegen den »zentralistischen Parteiapparat« betonte und die rein erzieherische Funktion der Partei hervorhob. Die proletarische Revolution wurde abgelehnt, mit dem Ziel eines (bürgerlichen) verfassungskonformen Sozialismus unter möglichen Koalitionen mit christlich-konservativen, liberalen und sozialdemokratischen Parteien. Heute eine der wichtigsten revisionistischen Strömungen, die insbesondere von der GUE/NGL verkörpert ist und von Enver Hoxha kritisiert wurde.

[11]   *Titoismus* — hauptsächlich von Josip Broz Tito und Milovan Đilas entwickelte, aus Jugoslawien stammende antimarxistische Ideologie. Wichtige Kernpunkte des Titoismus sind: die Aussöhnung mit der Großbauernschaft (Kulaken); die soziale Marktwirtschaft; genossenschaftlich organisierte Betriebe, in denen unter dem Vorwand der »direkten« Kontrolle der Arbeiter:innen über die Produktionsmittel ein Großteil der Anleihen auf inländische Kapitalisten und ausländische Investoren entfällt; die Konkurrenz der Betriebe untereinander (die Arbeitslosigkeit in der SFR Jugoslawien betrug 1972 ca. 20%); der großserbische Chauvinismus mit Ansprüchen auf Kosovo und der Leugnung einer albanischen Nation; das Abschaffen der innerparteilichen Demokratie (Kooption, statt Wähl- und Abwählbarkeit der Funktionäre in einer Partei); die Leugnung der führenden Rolle der KP im Staat und ihre Ersetzung durch die »Volksfront« unter Beteiligung rechter reaktionärer Kräfte (darunter des Klerus). Die KP Jugoslawiens (1919–1952) wurde durch Tito aufgelöst, an ihre Stelle trat eine dezentrale Interessensgemeinschaft, der »Bund der Kommunisten Jugoslawiens« (1952–1991), die allerdings keine Partei mehr war. Die Titoisten errichteten KZs (oder betrieben diese weiter), wie auf Goli Otok, oder Stara Gradiška & Bileća, in denen sie willkürlich politische Dissidenten und vermeintliche »Stalinisten« inhaftierten und namhafte Par-

tisanen, wie Vlado Dapčević, oder Branko Petričević zu jahrzehntelanger, nachgewiesener, Folter verurteilten. Nach dem II. Weltkrieg wurden jugoslawische National-helden, wie der Anführer der Partisanen und des jugo-slawischen Widerstands Arso Jovanović erschossen. Die FVR Jugoslawien organisierte mehrfach die Vorbereitung einer Invasion der SVR Albanien und stützte sich dabei auf die albanischen Titoisten, wie z.B. Koçi Xoxe. Dabei gab es in der Nachkriegsperiode mehrere gescheiterte und aufgedeckte Umsturzversuche, wie z.B. im November 1948. Koçi Xoxe arbeitete mit König Zog I., Josip Broz Tito und dem britischen Geheimdienst zusammen, unter dem Vorwand den sowjetischen Einfluss auf dem Balkan zu schwächen. Auch in Plan R-7 planten selbst nach Koçi Xoxes Tod die Generäle Svetozar Vukmanović und Kosta Nađ die militärische Eroberung Albaniens, wobei ihnen jedoch die Sigurimi, der albanische Geheimdienst zuvor-gekommen ist.

[12]   *Spontis* — Die sogenannten »Spontis« waren derjenige Teil der »linken« Aktivisten, die sich im Selbstverständnis als Nachfolge der APO und der 68er-Bewegung sahen. Sie hielten die »Spontaneität der Massen« für das revolu-tionäre Element in der Geschichte. Ihre »antiautoritäte« Grundhaltung setzte sie in starken Gegensatz zu dem leni-nistischen Verständnis des demokratischen Zentralismus als Organisationsprinzip einer notwendigen Kaderorgani-sation zur erfolgreichen Durchführung einer Revolution.

[13]   *Erdbeben an der montenegrinischen Küste 1979* — am Ostersonntag, dem 15. April 1979 um 07:20 Uhr sich ereignendes Erdbeben (M_w = 7,1), das hauptsächlich in Montenegro und Albanien auftrat (schwächer in den Nachbarländern). 450 Dörfer wurden zerstört, viele wei-tere schwer beschädigt. 101 Menschen starben in Monte-negro, 35 in Albanien und über 100.000 Menschen wur-den (vorübergehend) obdachlos.

[14]   *Gorleben-Treck 1979* — in Gorleben (Niedersachsen) stattfindender größter Anti-Atomkraft-Demonstrations-

zug in der Geschichte der BRD (25.–31. März 1979) mit über 100.000 Teilnehmenden. Anlass waren die Pläne der niedersächsischen CDU-Regierung, im Wendland (Landkreis, in dem Gorleben liegt) eine Wiederaufbereitungsanlage für Atommüll zu bauen. Während dem Verlauf der Demo kam es am 28. März 1979 zu einer teilweisen Kernschmelze im Kernkraftwerk Three-Mile-Island in den USA, welches die Popularität der Demonstration weiter verstärkte.

[15] *Roter Antikriegstag 1972 in München* — am 2. September 1972 stattfindende Veranstaltung, einen Tag nach dem Antikriegstag (jährlich 1. September), parallel zu den Olympischen Spielen, um gegen Militarismus und Imperialismus zu protestieren. Es kam zu Auseinandersetzungen mit der Polizei und zahlreichen Verhaftungen von Mitgliedern der KPD/ML.

[16] *II. Internationale* — Vereinigung sozialistischer Parteien (1889–1916) mit der Aufgabe, die Entwicklung marxistischer Massenparteien und proletarischer Massenorganisationen in den einzelnen Ländern zu fördern, den Einflüssen bürgerlicher Ideologie in der Arbeiter:innenbewegung entgegenzuwirken, die politischen und ökonomischen Aktionen der Arbeiter:innenklasse international zu koordinieren und die internationale Arbeiter:innenklasse auf den Kampf um die politische Macht vorzubereiten. In der ersten Zeit betrieb sie unter dem unmittelbaren Einfluss von Friedrich Engels und der revolutionären deutschen Sozialdemokratie eine prinzipienfeste marxistische Politik. Mit der Entwicklung des Imperialismus setzte sich in ihr jedoch mehr und mehr der Opportunismus durch. Nach Ausbruch des ersten Weltkrieges (1914–1918) gingen die Führungen der einzelnen Parteien mit Ausnahme der Bolschewiki und einiger kleiner Gruppen offen zur imperialistischen Bourgeoisie ihrer Länder über. Mit diesem Verrat brach die II. Internationale zusammen. Die linken Kräfte in den Parteien lösten sich allmählich von den opportunistischen Führungen, gründeten nach der

Oktoberrevolution schließlich kommunistische Parteien
und schlossen sich in der Kommunistischen Internationale zusammen. Die II. Internationale wurde 1919 von
sozialdemokratischen und zentristischen Parteien wieder-
belebt. 1921 gründeten zentristische Parteien die Internationale II½, die sich 1923 mit der II. Internationale zur
Sozialistischen Arbeiterinternationale vereinigte. Diese
setzte die opportunistische und reformistische Politik der
II. Internationale fort, sie betrieb eine antikommunistische Politik. 1940 löste sie sich auf.

[17]   *Panzerkreuzer Aurora* — 1903 in Dienst gestelltes Kriegs-
schiff, dass am Abend des 25. Oktobers [7. Novembers]
1917 mit einem Platzpatronenschuss aus der Bugkanone
das Signal für den Sturm auf das Winterpalais, den Sitz
der Provisorischen Regierung in Petrograd (später Lenin-
grad, heute St. Petersburg) durch die Bolschewiki gab
und somit die Große Sozialistische Oktoberrevolution
einleitete.

[18]   *Nicaraguanische Revolution 1979* — Widerstand gegen die
Diktatur des von den USA unterstützten Somoza-Clans
(1934–1979), der sich in den 1960er und 1970er Jahren
mit Hilfe des Militärs unter Ausnutzung der Not der Bevölkerung bereicherte, deren erfolgreicher Umsturz durch
die linksgerichtete Sandinistische Nationale Befreiungs-
front (FSLN, »Sandinisten«) zwischen 1978 und 1979,
deren anschließende Regierungsversuche in Nicaragua
und der folgende Bürgerkrieg (1981–1990). Der »Con-
tra-Krieg« entbrannte zwischen der FSLN und den von
den USA unterstützten Contra-Rebellen. Diese von den
USA ausgebildeten, finanzierten und bewaffneten konterrevolutionären Kräfte, die von Honduras aus operierten,
verübten Terroranschläge gegen die Infrastruktur Nicara-
guas, töteten zahlreiche Zivilist:innen und wurden trotz
des 1982 vom US-Kongress verabschiedeten Boland-
Amendments, das jegliche Unterstützung der Contras
verbot, von Ronald Reagan mit geheimen und illegalen
Mitteln finanziert, was 1986 im Iran-Contra-Skandal zu

einer Regierungskrise führte. Im selben Jahr wurden die USA vom Internationalen Gerichtshof in Den Haag wegen ihrer direkten und indirekten Beteiligung am Krieg, die neben der Unterstützung der Contras auch die Verminung nicaraguanischer Häfen, die wirtschaftliche Sabotage der Fischerei und den Drogenhandel (Kokain) durch die CIA umfasste, zu Reparationszahlungen verurteilt, ein Urteil, das die USA bis heute nicht anerkannt haben, wobei sie die Verbindlichkeit des Beschlusses durch ein Veto im UN-Sicherheitsrat aushebelten.

[19]   *Kathedralentreppen-Massaker 1979* — Massaker in San Salvador, der Hauptstadt von El Salvador, am 8. Mai 1979, als Sicherheitskräfte insgesamt 24 Demonstrant:innen erschossen, die sich auf den Stufen der Kathedrale von San Salvador befanden.

[20]   *Lothringer Stahlarbeiterstreik 1979* — Streik der Stahlarbeiter:innen in der Region Lothringen (Frankreich) aufgrund der Massenarbeitslosigkeit während der rechten Regierung unter Valéry Giscard (1974–1981).

[21]   *Pariser Mai 1968* — breite Protestbewegung in Frankreich im Jahr 1968, die ursprünglich aus dem Wunsch nach einer Verbesserung der Lage Studierender entstand, sich jedoch schnell ausweitete und auch bald politische Forderungen zur Bekämpfung der Arbeitslosigkeit sowie eine breite Solidarisierung mit der weltweiten Friedensbewegung, insbesondere in Opposition zum Vietnamkrieg in sich aufnahm. Die Demonstrierenden forderten eine Demokratisierung der Gesellschaft und setzten sich in gegen das Kapital gerichteten Aktionen sowie Kampagnen insbesondere gegen den amerikanischen Imperialismus ein. Die Bewegung eskalierte nach der Räumung einer Fakultät der Pariser Universität Sorbonne, woraufhin ein wochenlanger Generalstreik folgte, der über 11 Millionen Werktätige mobilisierte—mehr als 22% der damaligen französischen Bevölkerung. In dieser Zeit floh der französische Präsident Charles de Gaulle am 29. Mai 1968 nach Westdeutschland, was bei der herrschenden Elite

Ängste vor einer kommunistischen Revolution auslöste. Nachdem große Teile der reformistischen Gewerkschaftsführung der CGT (französischer Allgemeiner Gewerkschaftsbund, damals der KP Frankreichs nahestehend) den von der Regierung versprochenen Lohnerhöhungen zugestimmt hatten, entspannte sich die Lage allmählich wieder zugunsten der französischen Eliten. Die Ereignisse des Pariser Mai blieben jedoch tief im kollektiven Gedächtnis verankert. Am 23. Juni 1968 fanden Neuwahlen statt, aus denen De Gaulle gestärkt hervorging.

[22] *Februarrevolution 1917* — bürgerlich-demokratische Revolution und die erste der beiden Revolutionen von 1917, am 23. Februar [8. März] 1917 in und um Petrograd (heute St. Petersburg) in Russland. Massendemonstrationen und bewaffnete Kämpfe gegen Polizei und Gendarmerie stürzten den Zaren und beendeten die Romanow-Dynastie (1613–1917) und somit die russische Monarchie. Die sogenannte »Doppelherrschaft« ermöglichte für einige Zeit die gleichzeitige Existenz einer bürgerlich-reaktionären Regierung (Duma) und fortschrittlicher Arbeiter- und Soldatenräte (Sowjets). Es folgte die Große Sozialistische Oktoberrevolution vom 25. Oktober [7. November] 1917.

[23] *Holocaust—Die Geschichte der Familie Weiss* — vierteilige US-amerikanische TV-Mini-Serie aus dem Jahr 1978, eine fiktive Geschichte der jüdischen Berliner Arztfamilie Weiss zur Zeit des Nationalsozialismus erzählend, 1979 in der BRD ausgestrahlt und die Nutzung des Begriffs »Holocaust« im Deutschen geprägt.

[24] *Majdanek–Prozesse* — gegen ehemalige SS-Angehörige des Lagerpersonals des KZ Majdanek gerichtete Gerichtsprozesse in Polen und Deutschland. Die ersten beiden Prozesse fanden in Lublin (Polen) 1944 und 1946–1948 statt, der dritte Prozess vor dem LG Düsseldorf (27. November 1975–30. Juni 1981). Im KZ Majdanek wurden etwa 250.000 Menschen ermordet.

LITERATURVERZEICHNIS

Aust, E. (1983). *Für's Vaterland?: Kommunisten und der Kampf um die Erhaltung des Friedens gestern und heute.* Roter Morgen.

Aust, E. (2012). *Ist der Kommunismus in der Krise?* https://youtu.be/vebZwildNUQ (Original veröffentlicht 1979)

KPD. (1982, März 5). *».…eine ähnlich machtvolle Demonstration wie im letzten Oktober«—Offener Brief der KPD.* Roter Morgen, 9.

Plotz, D. (1997, 2. November). The New Pol Pot. *Slate.* https://slate.com/news-and-politics/1997/11/the-new-pol-pot.html

Roter Morgen. (1982, 16. April). *Zum Aufruf für die Bonner Anti-Reagan-Demonstration.* 3.

Stalin, J.W. (1979). Interview mit einem Korrespondenten der »Prawda«. In Zentralkomitee der KPD/ML (Hrsg.), *Stalin-Werke* (Bd. 15, S.237–244). Roter Morgen. (Original veröffentlicht 1951)

Stalin, J.W. (1979). Ökonomische Probleme des Sozialismus in der UdSSR. In Zentralkomitee der KPD/ML (Hrsg.), *Stalin-Werke* (Bd. 15, S.292–386). Roter Morgen. (Original veröffentlicht 1952)

PERSONENVERZEICHNIS

André, Etkar (1894–1936) — Politiker der KPD und deutscher Widerstandskämpfer. Leiter des Roten Frontkämpferbundes Wasserkante (1925–1933) und Abgeordneter der Hamburger Bürgerschaft (1927–1933). Nach dem Reichtagsbrand am 5. März 1933 verhaftet. Erhielt (wahrscheinlich auf direkte Initiative Hitlers) am 10. Juli 1936 durch das Hanseatische OLG aufgrund »mehrfachen Mordes« (trotz fehlender Beweise) die Todesstrafe.

Bahr, Egon (1922–2015) — Politiker der SPD. Bundesminister für besondere Aufgaben (1972–1974), Bundesminister für wirtschaftliche Zusammenarbeit (1974–1976) und Bundesgeschäftsführer der SPD (1976–1981).

Brandt, Willy (geb. Herbert Ernst Karl Frahm) (1913–1992) — Politiker der SPD. Regierender Bürgermeister von Berlin (1957–1966), Außenminister und Vizekanzler (1977–1969), Regierungschef einer SPD-FDP-Koalition (1969–1974), SPD-Parteivorsitzender (1964–1987) und Präsident der Sozialistischen Internationale (1976–1992). Beendete die Hallstein-Doktrin (1955–1969) und setzte an ihre Stelle die neue Ostpolitik (1969–1989).

Breschnew, Leonid (1906–1982) — Politiker der KPdSU. Generalsekretär (1964–1982) und Vorsitzender des Präsidiums des Obersten Sowjets (Staatsoberhaupt, 1960–1964). Setzte die Liberman-Reformen (1965) um und prägte die sog. »Breschnew-Doktrin« (1968).

Carstens, Karl (1914–1992) — deutscher Politiker der CDU. Jurist und Diplomat. Bundespräsident der BRD (1979–1984), davor Staatssekretär im Auswärtigen Amt, im Bundesministerium der Verteidigung und Chef des Bundeskanzleramtes. Vorsitzender der CDU/CSU-Bundestagsfraktion (1973–1976). Trat 1940 der NSDAP bei und erhielt die Mitgliedsnummer 5.736.988. Nutzte seine Macht und seinen Einfluss als Bundespräsident, um ehemalige NS-Täter vor Strafverfolgung zu schützen, z.B. Bernhard Hinrichs durch ein Gefälligkeitsgutachten, der während des Nationalsozialismus Richter am Sondergericht Bremen war und später durch Karl Carstens Präsident des Oberverwaltungsgerichts Bremen in der BRD wurde. Carstens war maßgeblich an der Gründung der EWG beteiligt.

Carter, James »Jimmy« (1924–) — Politiker der Demokratischen Partei (USA). Senator von Georgia (1963–1967), Gouverneur von Georgia (1971–1975) und 39. Präsident der USA (1977–1981). Verhandelte das Camp-David-Abkommen (1978).

Chomeini, Ruhollah (1902–1989) — iranischer Politiker. Islamischer Revolutionsführer (1979), Gründer und Oberster Anführer der Islamischen Republik Iran (1979–1989)

Chruschtschow, Nikita (1894–1971) — Politiker der KPdSU. Erster Sekretär der KPdSU (1953–1964) und Vorsitzender des Ministerrats (1958–1964). Erklärte die Politik der »friedlichen Koexistenz« zum kategorischen Imperativ der kommunistischen Parteien und Staatspolitik.

Deng Xiaoping (1904–1997) — Politiker der KP Chinas. Mitglied des Politbüros (1945–1966, 1973–1987), Stellvertretender Ministerpräsident (1952–1966, 1973–1976) und Stellvertretender Parteivorsitzender (1956–1966, 1977–1982). Wurde während der Kulturrevolution mehrfach abgesetzt und wieder eingesetzt. Führte Reformen wie die Vier Modernisierungen, das Boluan-Fanzhen-Programm und die Ein-Kind-Politik ein. Niederschlug den Tiananmen-

Aufstand (1989) und entwickelte die Hongkong-Politik »Ein Land, zwei Systeme«. Transformierte China in eine sozialimperialistische Supermacht.

Dregger, Alfred (1920–2002) — CDU-Politiker. Mitglied der NSDAP (1940–1945), Referent im BDI (1954–1956). Oberbürgermeister der Stadt Fulda (1956–1970), Mitglied des Vorstands der Überlandwerk Fulda AG (1970–1983) und Vorsitzender der CDU-CSU-Bundestagsfraktion (1982–1991). Vertreter des nationalkonservativen Flügels der CDU, Befürworter des Radikalenerlasses (28. Januar 1972). Forderte das Verbot der DKP und die Einrichtung eines »Terroristen-Jagdkommandos«.

Dubček, Alexander (1921–1992) — Tschechoslowakischer Politiker. Erster Sekretär der KPČ (1963–1968), Generalsekretär der KPČ (1968–1969) und Präsident der Bundesversammlung, seit 1960 das Oberste Parlament der Tschechoslowakei (1989–1992). Leitfigur des Prager Frühlings (1968) und entschiedener Antikommunist. Starb an einem Autounfall.

Engels, Friedrich (1820–1895).

Geißler, Wolfgang (o.D.) — Mitglied der KPD/ML (Sektion DDR). Am 22. April 1979 vom MfS verhaftet.

Genscher, Hans-Dietrich (1927–2016) — Politiker der FDP. Bundesminister des Innern (1969–1974), Bundesminister des Auswärtigen, Vizekanzler (1974–1992) und Bundesvorsitzender der FDP (1974–1985).

Hallstein, Walter (1901–1982) — Politiker der CDU. Staatssekretär im Auswärtigen Amt (1951–1958), erster Vorsitzender der Kommission der EWG (1958–1967) und Bundestagsabgeordneter der CDU (1969–1972). Prägte die sog. »Hallstein-Doktrin«, nach der die BRD einen Alleinvertretungsanspruch des deutschen Volkes habe und jede Aufnahme diplomatischer Beziehungen eines Drittstaates mit der DDR als »unfreundlicher« Akt zu betrachten sei.

Herold, Horst (1923–2018) — deutscher Jurist. Präsident des Bundeskriminalamtes (BKA, 1971–1981). Symbolfigur der bundesdeutschen »Terrorismusbekämpfung« der 1970er Jahre, insbesondere im Zusammenhang mit der Roten Armee Fraktion (RAF). Entwickelte u.a. die Rasterfahndung. Früher Teil der kommunistischen Jugendbewegung und Mitglied des Sozialistischen Deutschen Studentenbundes (SDS) und SPD, später führender Akteur des reaktionären Staatsumbaus, u.a. durch die autoritäre BKA-Reform. Die eingeführten Methoden verstießen gegen das Diskriminierungsverbot, die informationelle Selbstbestimmung und erwiesen sich zudem als wenig effektiv. Lebte nach seiner Entlassung bis zu seinem Lebensende in einer Kaserne des Bundesgrenzschutzes (ehemals Bundespolizei), um der RAF zu entkommen, und sah sich als deren »letzter Gefangener«.

Hitler, Adolf (1889–1945) — Vorsitzender der NSDAP (1921–1945), Reichskanzler (1933–1945), Reichspräsident (1934–1945), Oberbefehlshaber der deutschen Wehrmacht (1938). Versuchte 1923 die Weimarer Republik durch einen Putsch zu stürzen. Schrieb 1925/1926 »Mein Kampf«. Initiator des II. Weltkrieges (1939–1945). Verübte zahlreiche Verbrechen und Völkermorde. Größter Verbrecher der Menschheitsgeschichte. Starb am 30. April 1945 durch Suizid im Bunker der Reichskanzlei.

Hoxha, Enver (1908–1985) — Politiker der PAA. Erster Sekretär der KPA (1943–1944), Premierminister Albaniens (1944–1954), Erster Sekretär der PAA (1944–1985), Mitglied des Politbüros (1948–1985) und Oberbefehlshaber der albanischen Volksarmee (1941–1985). Führte den erfolgreichen antifaschistischen Befreiungskampf Albaniens gegen die italienische (1939–1943) und deutsche Besatzung (1943–1945). Verwandelte Albanien in ein Industrie-Agrar-Land und führte die Etablierung einer sozialistischen Gesellschaft 1976 an.

Hübner, Bernd (1955-o.D.) — Mitglied der KPD/ML. Werkzeugmacher. Reiste 1977 von Neumünster (Schleswig-Holstein) nach Ost-Berlin, wo er von dem MfS verhaftet wurde. Nach 3 Wochen aus der Haft entlassen.

Iwan IV. (»der Schreckliche«) (1530–1584) — Großfürst von Moskau (1533–1547) und erster Russischer Zar (1547–1584). Stellte das erste stehende russische Heer, die Strelizen auf. Expandierte Russland erheblich, jedoch auf Kosten der tatarischen Khanate Kasan, Astrachan und Sibir nach Osten und Süden.

Ji Pengfei (1910–2000) — Politiker der KP Chinas. Mitglied der KP Chinas (1933–2000). Außenminister der VR China (1972–1974). Erster Botschafter der VR China in der DDR (1953–1955). Vize-Außenminister (1955–1972). Generalsekretär des Ständigen Ausschusses des Nationalen Volkskongresses (1975–1979), Stellvertretender Ministerpräsident und Generalsekretär des Staatsrates (1980–1982), Vorsitzender des Büros für Hongkong- und Macau-Angelegenheiten (1983–1990).

Kielmansegg, Johann von (1906–2006) — deutscher Offizier. Ab 1926 Offizier der Reichswehr. Generalstabsoffizier der 1. Panzerdivision (1940), Operationsabteilung des Oberkommandos der Wehrmacht (1942–1944), Oberst (1944). Kommandeur des Panzergenadierregiments 111 der 11. Panzerdivision (1944–1945). Eintritt in die Bundeswehr als Brigadegeneral (1955), NATO-Oberbefehlshaber der alliierten Streitkräfte Europa Mitte (1967–1968). Prominenter Vertreter der Bundeswehr und wichtige Rolle in der NATO.

Kiesinger, Kurt Georg (1904–1988) — Politiker der NSDAP und CDU. Stellvertretender Leiter der Rundfunkabteilung im Auswärtigen Amt des Dritten Reiches (1940–1945), Ministerpräsident von Baden-Württemberg (1958–1966), Bundeskanzler (1966–1969) und Bundesvorsitzender der CDU (1967–1971). Führte Notstandsgesetze (1968) und Gesetze zur Verjährung der NS-Kriegsverbrechen (1968) ein.

Kissinger, Henry Alfred (geb. Heinz) (1923–2023) — Politiker der Republikanischen Partei. Außenminister der Vereinigten Staaten und Nationaler Sicherheitsberater (1969–1977) unter Richard Nixon und Gerald Ford. Unterstützte Pol Pot indirekt während seines Genozids (1975–1979), führte Bombardierungen in Kambodscha durch (1969–1970) und trug zur Krise in Osttimor bei (1975). Beteiligt am Sturz Salvador Allendes und an der Machtübernahme von Augusto Pinochet (1973). Seine Politik wird für den Tod von Millionen verantwortlich gemacht.

Lächert, Hildegard (1920–1995) — NS-Kriegsverbrecherin. KZ-Aufseherin (1942–1945) in den Konzentrationslagern Ravensbrück, Majdanek, Auschwitz und im Durchgangslager Bozen. Hat u.a. einen Schäferhund auf eine schwangere Frau gehetzt (mit tödlichen Folgen), einen Häftling mit einer Eisenkugelpeitsche geschlagen, bis er nicht mehr als Mensch zu erkennen war, und zwei junge Griechinnen in Exkrementen ertränkt. Beihilfe zum Mord in 1.196 Fällen. Nach dem II. Weltkrieg für den BND angeworben und Europawahlkandidatin auf Platz 4 für die faschistische »Aktionsgemeinschaft Nationales Europa« 1979. Musste nach dem Majdanek-Prozess in der BRD (1981) keine weitere Haftstrafe antreten.

Lenin, Wladimir I. (1870–1924).

Liebknecht, Karl (1891–1919) — Politiker der KPD. Mitglied der SPD (1900–1916). Reichstagsabgeordneter (1912–1916) und Vertreter des linken, revolutionären Flügels der SPD, wo er sich gegen die deutsche Beteiligung am I. Weltkrieg aussprach. 1916 wegen »Kriegsverrats« zu 4 Jahren Zuchthaus verurteilt, aber kurz vor Kriegsende entlassen. Rief am 9. November 1918 die »freie sozialistische Republik Deutschland« aus und gründete am 11. November u.a. mit Rosa Luxemburg und Wilhelm Pieck den Spartakusbund und kurz darauf die KPD (Jahreswechsel 1918–1919). Am 15. Januar auf Befehl des Sozialfaschisten Gustav Noske von faschistischen Freikorps ermordet. Sohn von Wilhelm Liebknecht, dem Mitbegründer der SPD (zusammen mit August Bebel). Karl Marx und Friedrich Engels waren seine Paten. Einer der wichtigsten Vertreter des Antimilitarismus und Internationalismus. Begründer der Losung »Der Hauptfeind steht im eigenen Land«.

Lübke, Heinrich (1894–1972) — Politiker der CDU. Bundesminister für Ernährung, Landwirtschaft und Forsten (1953–1959) und zweiter Bundespräsident der BRD (1959–1969). Hatte die Verantwortung für KZ-Zwangsarbeiter in der Heeresversuchsanstalt Peenemünde (1943–1945) im Dienst des Albert Speer unterstehenden Architekturbüros Walter Schlempp (ab 1944 sein Stellvertreter) inne. Fertigte 1944 Pläne für ein Rüstungswerk für BMW-Stahltriebwerke in Neu-Straßfurt (Sachsen-Anhalt) an und wurde ab 1966 als »KZ-Baumeister« bekannt.

Luxemburg, Rosa (geb. Rozalia) (1871–1919) — Politikerin der KPD. Wortführerin des linken Flügels der SPD (1898–1914), Gründerin und führende Persönlichkeit des Spartakusbunds (1914–1919) und der KPD (1919). Vertrat den internationalistischen Standpunkt in der internationalen Arbeiterbewegung, weshalb sie auf Befehl der SPD am 15. Januar 1919 durch Freikorps ermordet und ihre Leiche in den Landwehrkanal geworfen wurde.

Mao Zedong (1893–1976) — Politiker der KP Chinas. Mitbegründer der Kommunistischen Partei Chinas (1921) und Vorsitzender des Zentralkomitees (1943–1976). Führte den bewaffneten Kampf gegen japanische Besatzer (1937–1945) und die Kuomintang (1945–1949) an. Rief 1949 die Gründung der Volksrepublik China aus. Leitete den »Großen Sprung nach vorn« (1958–1961) ein. Nahm gegen Ende seines Lebens opportunistische Positionen ein, distanzierte sich von Stalin und näherte sich Tito, Nixon und Strauß an.

Marx, Karl (1818–1883).

Nieber, Volker (o.D.) — Mitglied der KPD/ML. Am Roten Antikriegstag 1972 verhaftet.

Norodom Sihanouk (1922–2012) — Kambodschanischer Politiker. König von Kambodscha (1941–1955, 1993–2004), Gründer der Partei der Sozialistischen Volksgemeinschaft (1955–1970), Ministerpräsident (1958–1960) und Staatsoberhaupt (1960–1970). Unterstützte nach dem Staatsstreich 1970 die Roten Khmer, die ihn 1975 zum Staatsoberhaupt ernannten. Trat 1976 zurück, ging 1979 ins Exil nach dem Sieg Vietnams im Krieg gegen Kambodscha. Rückkehr nach Kambodscha 1990, 1993 erneut zum König ernannt.

Ohnesorg, Benno (1940–1967) — Mitglied einer evangelischen Studentengemeinde. Pazifist. Vom West-Berliner Polizisten Karl-Heinz Kurras auf einer Demonstration gegen den Staatsbesuch von Schah Mohammad Reza Pahlavi am 2. Juni 1967 erschossen. Sein Tod galt als Auslöser für die Radikalisierung der Studentenbewegung 1968.

Pahlavi, Mohammad Reza (1919–1980) — Regent des Iran. Schah von Persien (1941–1979). Am 26. Oktober 1967 zum »König der Könige« gekrönt. Errichtete ein brutales Regime zur Unterdrückung der Opposition, u.a. mit Hilfe des Geheimdienstes SAVAK, und genoss die Unterstützung der USA, deren Auftragnehmer er war.

Pol Pot (geb. Saloth Sar) (1928–1998) — Kambodschanischer Politiker, Anführer des »Demokratischen Kampuchea« und der Roten Khmer (1975–1979). Bekannt für das Zitat »When I die, my only wish is that Cambodia remain Cambodia and belong to the West…It is over for communism, and I want to stress that« (Plotz, 1997). Erhielt 1980–1986 insgesamt 85 Millionen USD an CIA-Finanzierung und technische Unterstützung durch die SAS im Kampf gegen die Sowjetunion und Vietnam. Begann einen durch den Westen abgesegneten Genozid.

Reagan, Ronald (1911–2004) — Politiker der Republikanischen Partei. Gouverneur von Kalifornien (1966–1975), Präsident der USA (1981–1989). Ging als Gouverneur brutal gegen Studentenproteste vor. Als Präsident führte er die »Reagonomics« (Form des Neoliberalismus) ein, eskalierte das Wettrüsten mit der Sowjetunion und bekämpfte Gewerkschaften. Vernachlässigte die Bekämpfung der Aids-Epidemie, überfiel Grenada (1983), bombardierte Libyen (1986) und unterstützte die Contras in der Iran-Contra-Affäre (1985–1987). Verdreifachte die Staatsverschuldung. Schmuggelten während seiner Amtszeit Kokain der Contras aus Nicaragua, das überwiegend schwarze Gemeinden in den USA zerstörte.

Rieger, Jürgen (1946–2009) — deutscher Rechtsanwalt, Neonazi und Politiker der NPD. Bekannt als Holocaust-Leugner und Vertreter der Rassenkunde. Vorsitzender der nationalsozialistischen »Artgemeinschaft—Germanische Glaubens-Gemeinschaft wesensgemäßer Lebensgestaltung« und Organisator des Rudolf-Heß-Gedenkmarsches. Multimillionär, Aktienbesitzer und Immobilienhändler. Betreiber einer Briefkastenfirma und eines Campingplatzes. Besitzer eines Fuhrparks mit Wehrmachtsfahrzeugen. Vorsitzender eines Eugenikvereins und Mitbegründer eines CSU-Freundeskreises. Als Rechtsanwalt tätig und Mitglied des Deutschen Rechtsbüros, einem bundesweiten Netzwerk von Nazi-Anwälten. Vertrat seit den 1970er Jahren Holocaust-Leugner vor Gericht und nutzte die Freiheiten des Verteidigers sowie den Gerichtssaal für nationalsozialistische Agitation. Verschleppte Prozesse absichtlich, u.a. durch die Vernehmung von 500 Zeugen in einem Verfahren.

Sagladin, Wadim W. (1927–2006) — Politiker der KPdSU. Sowjetrussischer Ideologe und führender Theoretiker der Perestroika (1988–1991). Politikwissenschaftler, Erster Stellvertretender Leiter der Internationalen Abteilung des ZK der KPdSU (1964–1988), später Leiter der Abteilung unter Gorbatschow (1988–1990) und Berater für die Gorbatschow-Stiftung (1991–2006). Reformierte den sowjetischen Revisionismus durch Annäherung an die europäische Sozialdemokratie.

Schehr, John (»Johnny«) (1896–1934) — Politiker der KPD. Stadtverordneter in Altona (1924–1932), Mitglied des Preußischen Landtags (1932) und Reichtagsabgeordneter (1932–1933). Nach Thälmanns Verhaftung kurzzeitig Vorsitzender der KPD (März 1933), bis zu seiner Verhaftung (November 1933). Ermordet in der Nacht vom 1. auf den 2. Februar 1934 beim Kilometerberg in Berlin-Wannsee.

Schimke, Reinhard (o.D.) — Mitglied der KPD/ML. Am 22. April 1979 vom MfS der DDR aufgrund von Mitgliedschaft in der KPD/ML festgenommen.

Schlesinger, James Rodney (1929–2014) — Politiker der Republikanischen Partei. Vorsitzender der Atomenergiekommission (1971–1973), Direktor der CIA (1973), Verteidigungsminister (1973–1975) und Energieminister (1977–1979).

Schmidt, Helmut (1918–2015) — Politiker der SPD. Bundeskanzler (1974–1982). Mitglied des Bundestages (1953–1962), Mitglied des europäischen Parlaments (1958–1961), Hamburger Innensenator (1962–1965), Bundestagsmitglied (1965–1987), Vorsitzender der SPD-Bundestagsfraktion (1967–1969), Verteidigungsminister (1969–1972) und Finanzminister (1972–1974). Verfolgte die Strategie der politischen Einigung Europas in Kooperation mit den USA, insbesondere in Form des NATO-Doppelbeschlusses (1979), der zum Inhalt hatte trotz mehrheitlicher Ablehnung durch die Bevölkerung nach amerikanischen Völkermördern (John J. Pershing) benannte Atomwaffen (Pershing II) in Europa zu stationieren.

Schmierer, Joscha (1942–) — Politiker des KBW. Sekretär des ZK des KBW (1973–1982), westliche Militäreinsätze, wie im Irak (1991), Serbien-Kosovo (1999) und Afghanistan (2001) befürwortender Publizist und Mitarbeiter im Planungsstab des Auswärtigen Amtes unter Bundesaußenminister Joschka Fischer und Frank-Walter Steinmeier (1999–2007).

Semler, Christian (1938–2013) — Politiker der KPD/AO. Mitbegründer der KPD/AO (1970) und ihr Vorsitzender bis zu ihrer Auflösung (1980). Redakteur der taz (1989–2013). Erhielt 2010 durch den polnischen Staatspräsidenten Bronisław Komorowski die Dankesmedaille des Europäischen Zentrums der Solidarnośc.

Singer, Klaus (o.D.) — Mitglied der KPD/ML. Am Roten Antikriegstag 1972 aufgrund von »Beleidigung eines Polizeibeamten« verhaftet.

Stalin, Josef W. (1878–1953) — kommunistischer Revolutionär und Politiker der KPdSU(B). Generalsekretär der KPdSU(B) (1922–1952), Vorsitzender des Ministerrates der UdSSR (1941–1953),

Marschall der Roten Armee (1941–1947). Führte die Oktoberrevolution 1917 mit Lenin an und bekämpfte nach 1924 erfolgreich die parteifeindliche Opposition. Architekt der sowjetischen Industrialisierung und des ersten sozialistischen Staates. Führte die Sowjetunion im Großen Vaterländischen Krieg (1941–1945) gegen die faschistischen Horden in Europa. Begründer des Marxismus-Leninismus und Theoretiker der marxistischen Lösung der Nationalitätenfrage und des Sozialismus in einem Land.

Strauß, Franz Josef (1915–1988) — Politiker der CSU. Bundesminister für besondere Aufgaben (1953–1955), Atomfragen (1955–1956), Verteidigung (1956–1962), Vorsitzender der CSU (1961–1988), Bundesminister für Finanzen (1966–1969) und Bayerischer Ministerpräsident (1978–1988). Scheiterte als Kanzlerkandidat 1980. Industrielobbyist und Mitbegründer von Airbus. Initiator einer versuchten Faschisierung der bundesdeutschen Gesellschaft in den 1970er und 1980er-Jahren. Unterhielt enge Beziehungen zu Mao Zedong und der VR China.

Thälmann, Ernst (1886–1944) — Politiker der KPD. Mitglied der USPD (1917–1920) und KPD (1920–1933). Schloss den Großteil der USPD 1920 der KPD an. Vorsitzender der KPD (1925–1933) und Anführer des Roten Frontkämpferbundes (1925–1929). Ermordung im KZ Buchenwald am 18. August 1944 auf direkten Befehl Adolf Hitlers. Sohn und Anführer der deutschen Arbeiterklasse.

Trettner, Heinz (1907–2006) — Deutscher Offizier. Angehöriger der Luftwaffe des Dritten Reiches (1933–1945), Ritterkreuz des Eisernen Kreuzes und Generalleutnant (1945). Eintritt in die Bundeswehr als Generalmajor (1956), Kommandierender General des I. Korps der Bundeswehr (1960). Verteidigte Hitler mit den Worten: »Hitler war einer der ganz wenigen, die die Gefahr des Bolschewismus richtig eingeschätzt und danach gehandelt haben« (1962), was für die Bundesregierung jedoch unproblematisch war. Befürworter eines Präventivkrieges gegen die Sowjetunion.

Waldheim, Kurt (1918–2007) — Politiker der ÖVP. Außenminister (1968–1970), Generalsekretär der Vereinten Nationen (1972–1981) und Bundespräsident (1986–1992). Mitglied des NSDStB und der SA (1938–1945). Teilnahme an der Besetzung mehrerer Länder während des Zweiten Weltkriegs. Kenntnis über Kriegsverbrechen und Deportationen, log über seine NS-Vergangenheit. Präsidentschaftskandidatur 1985 führte zu Untersuchungen, die seine Verbindungen zu Kriegsverbrechen aufdeckten. Seine Amtszeit war von internationaler Isolation geprägt. Der österreichische Nationalrat beschloss Maßnahmen zur Entschädigung vertriebener Juden und Kriegsgefangener als Folge der Waldheim-Affäre.

Wehner, Herbert (1906–1990) — SPD-Politiker. Mitglied der KPD (1927–1942), während des Zweiten Weltkriegs unter dem Deckmantel eines »Widerstandskämpfers« Gestapo-Agent. Mitglied der SPD (1946–1990), Mitglied des Bundestages (1949–1983), Vorsitzender der SPD-Bundestagsfraktion (1969–1983). Theoretiker des »demokratischen Sozialismus«, Einführung des 17. Juni als »Tag der deutschen Einheit«, Etablierung des Godesberger Programms, Abkehr der SPD vom Marxismus (1959), Kurswechsel der SPD zur Westbindung und zum NATO-Beitritt (1960).

Dreckmann, Heinrich (1885–1930) — SA-Mann (Truppführer). Bankbote in Hamburg. 1930 Eintritt in die SA. Nahm an einem SA-Aufmarsch nach einer Hitler-Versammlung teil, wo er bei einem Zusammenstoß mit Kommunisten niedergestochen wurde und noch unterwegs im Krankenhaus elendig starb. SA-Sturm 50 der 76. SA-Standarte trug seinen Namen zum Gedenken.

Tito, Josip Broz (1892–1980) — Serbischer Politiker des BdK Jugoslawiens. Ministerpräsident der SFR Jugoslawien (1944–1963), Präsident (1953–1980, ab 1973 auf Lebzeit) und Marschall von Jugoslawien (1943–1980). Säuberte nach dem Zweiten Weltkrieg die KP Jugoslawiens von Sympathisanten der Sowjetunion. Spaltete die internationale kommunistische Bewegung durch die »Bewegung der Blockfreien Staaten«. Unterstützte monarchistisch-faschistische Kräfte in Griechenland (1949) und plante mehrfach eine Invasion in Albanien mit NATO, CIA und MI6. Ordnete Jugoslawien dem IWF unter. Schaffte die Wähl- und Abwählbarkeit von Funktionären im BdK Jugoslawiens ab und verhinderte die Wiedervereinigung Kosovos und Albaniens.

Zimmermann, Eduard (1929–2009) — deutscher Fernsehmoderator. Mitglied der Hitlerjugend (1944–1945), in der Nachkriegszeit Dieb und Schwarzmarkthändler, 1950 in der SBZ wegen Spionage angeklagt und bis 1954 inhaftiert. Freier Journalist und Redakteur beim NDR und ZDF. Moderierte »Vorsicht Falle!—Nepper, Schlepper, Bauernfänger« (1964–1997) und »Aktenzeichen XY… ungelöst« (1967–1997). Bereitete Kriminalität sensationslüstern auf und instrumentalisierte Verbrechensopfer. Vorsitzender des Weißen Rings (1976–1994), beanspruchte Spendengelder für sich und trat 1994 zurück. 2000 wegen vereinsschädigenden Verhaltens als Ehrenvorsitzender abgewählt.

GLOSSAR

Achtgroschenjungs — Agent der Polizei (Umgangssprache).

Anarchos — Anarchisten (Umgangssprache).

Avantgarde — führender Teil einer vorrückenden militärischen Formation mit der Aufgabe der Aufklärung, Stellungen zu besetzen und Zeitvorteile zu gewinnen; Vorhut (Gallizismus).

Bonn — Großstadt (Nordrhein-Westfalen); Bundeshauptstadt (BRD, 1949–1990).

Bruderkrieg — Krieg innerhalb eines Volkes oder zwischen zwei eng verwandten Völkern.

Bunte — liberale, fortschrittliche Menschen (spöttisch); Bunte Listen (BuLi), Wählervereinigungen (1970er Jahre), gingen überwiegend in den Grünen (1980) auf.

Bürgschaft — einseitig verpflichtender Vertrag, durch den sich ein Bürge gegenüber einem Käufer verpflichtet für die Verbindlichkeit eines Schuldners (im Falle einer Zahlungsunfähigkeit) einzustehen.

Durrës — albanische Hafenstadt an der Adria, westlich von Tirana.

Ewiggestrige:r —in ihren Ansichten rückständig bleibende Person.

Feudalismus — auf dem Lehnsrecht basierende Wirtschaftsform, in der alle Regierungsfunktionen von einer grundbesitzenden aristokratischen Oberschicht ausgeübt werden.

Generalsekretär — Führungsposition in einer Organisation, oft protokollarisch unter einem Präsidenten, oder Vorsitzenden angesiedelt.

Großdeutschland — Vorstellung eines vereinigten deutschen Nationalstaats, einschließlich Österreichs (ab dem 19. Jhdt.); informelle Staatsbezeichnung des III. Reiches nach dem Anschluss Österreichs (ab März 1938).

Handelsbourgeoisie — seine Hauptumsatzquelle aus dem Handel mit Waren, oder Dienstleistungen beziehender Teil des Bürgertums.

Hanoi — Hauptstadt und zweitgrößte Stadt Vietnams (nach Ho-Chi-Minh-Stadt).

Jugoslawien — historischer Staat (1945–1992) in Südosteuropa, aus dem heutigen Serbien, Slowenien, Kroatien, Bosnien & Herzegowina und Mazedonien bestehend.

Mekongdelta — südwestliche, vom Flussdelta des Mekong geprägte und an Kampuchea angrenzende Region in Vietnam.

Numerus Clausus — Zulassungsbeschränkung an Schulen, Hochschulen und Universitäten.

Politbüro — zwischen Plenartagungen des Zentralkomitees die Arbeit der kommunistischen Partei leitendes Organ.

Rechtsopportunismus — den Kampf der Arbeiter:innenklasse für kleine Reformen verabsolutierende und diese von der Revolution trennende Strömung in der Arbeiter:innenbewegung.

Reibach — Gewinn (Jiddismus); überproportional hohen Gewinn aus einem Geschäft ziehen (Pejorativum).

Revisionismus (Marxismus) — (Selbst-)Bezeichnung für den reformistischen Flügel der II. Internationale (1889–1916); Sammelbegriff für alle die Revolution ablehnenden oder bekämpfenden Strömungen (Pejorativum).

Roter Morgen — marxistisch-leninistische Wochenzeitung (Juli 1967–Dezember 1968); Zentralorgan der KPD/ML (Dezember 1968–Oktober 1986).

Ruhegehalt — Pension; regelmäßig ausgezahltes Einkommen zu einer in einem öffentlich-rechtlichen Dienst- oder Amtsverhältnis gestandenen Person in Deutschland.

Champagnersozialisten — Salonbolschewisten; aus höheren Schichten stammende, die Lebensrealitäten der Werktätigen nicht kennende selbstbezeichnete Anarchisten,

Kommunisten und Sozialisten deren luxuriöser Lebensstil in krassem Widerspruch zu ihren politischen Überzeugungen steht.

Schah — persischer, afghanischer, nordindischer, sowie osmanischer Herrschertitel (meistens in Bezug auf den Iran); Mohammad Reza Pahlavi (iranischer König, 1919–1980).

Schwenkflügel — Flugzeugflügel, der nach hinten gepfeilt und wieder in die gerade Stellung gebracht werden kann (zur Erhaltung der Manövrierfähigkeit bei hohen Geschwindigkeiten).

Sozialimperialismus — politische Strömung von Leuten, Parteien, oder Staaten die laut Lenin »sozialistisch in Worten« und »imperialistisch in Taten« sind.

Spartakusbund — nach dem römischen Sklaven und Gladiator (–71 v.u.Z.) benannte Vereinigung marxistischer internationalistischer Sozialisten (1914–1919) im deutschen Kaiserreich und Vorläufer der KPD (1919).

Spontis — sich selbst als Nachfolge der APO sehende Gruppen linksgerichteter politischer Aktivisten der 1970er und 1980er mit antiautoritärem Selbstverständnis.

Axel Springer SE — 1946 gegründetes und ab den 1950 von der CIA finanziertes deutsches Medien- und Verlagsmonopol mit mehreren Dutzend Publikationen (darunter BILD und WELT), in über 40 Ländern. Verbreitet ausländerfeindliche, rassistische, nationalistische und antikommunistische Propaganda.

Tirana — Haupt- und größte Stadt Albaniens.

Tschechoslowakei — historischer Binnenstaat (1918–1992) in Mitteleuropa auf dem Gebiet des heutigen Tschechiens und der Slowakei.

Ural — 1.895m hohes und 2.200km langes, einen Teil der asiatisch-europäischen Grenze bildendes und sich in Nord-Süd-Richtung durch den mittleren Westen Russlands erstreckendes Gebirge.

Vertico — hochwertige, teure Holzkommode.

Vital — lebendig, kräftig; von lebenswichtiger Bedeutung.

Warschauer Vertrag — historisches Militärbundnis (1955–1991) zur kollektiven Verteidigung zwischen der Sowjetunion und sieben

Ost- und Zentraleuropäischen Volksrepubliken während dem Kalten Krieg; Militärisches Kompliment zum RGW.

WELT — überregionale, dem bürgerlich-konservativen (reaktionären) Spektrum zuzuordnende, am 2. April 1946 in der Britischen Besatzungszone gegründete und 1953 von Axel Springer SE übernommene deutsche Tageszeitung.

Westdeutschland — umgangssprachlich für die westlichen Besatzungszonen (1945–1949), sowie die ehemalige BRD (1949–1990) und die heutigen Bundesländer auf ihrem Gebiet.

XY…ungelöst — mit Hilfe von Zuschauerhinweisen ungeklärte Straftaten im Rahmen der Öffentlichkeitsfahndung aufklärende, seit 1967 ausgestrahlte Fernsehserie des ZDF. Mitverantwortlich an der für die Behörden erfolgreichen Fahndung nach Daniela Klette.

Zentralismus — Konzentration von Kompetenzen in einer obersten Instanz.

INDEX

A

Hat dir das Buch gefallen?
Gibt es Dinge, die dich gestört haben?
Hast du vielleicht Literaturwünsche?

Schreib uns doch gerne eine E-Mail unter:

kontakt@fortschrittsverlag.de

Wir freuen uns über dein Feedback!

9 783911 323031